ART
DU NIVELLEMENT,

ET

APPLICATIONS

DE CET ART

A LA CONSTRUCTION DE ROUTES,

CHEMINS DE FER

ET DE GRANDE COMMUNICATION, ETC.,

PAR **E. DU BREUIL**,

INGÉNIEUR-ARCHITECTE.

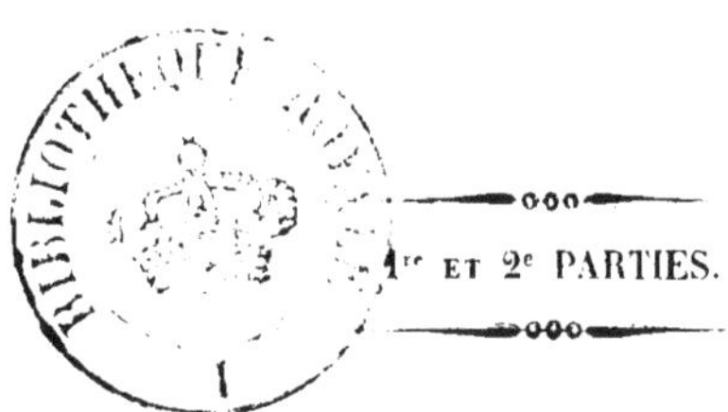

1re ET 2e PARTIES.

PARIS,

LIBRAIRIE SCIENTIFIQUE-INDUSTRIELLE

DE **L. MATHIAS** (AUGUSTIN),

QUAI MALAQUAIS, 15.

1842.

DE L'IMPRIMERIE DE CRAPELET,
rue de Vaugirard, n° 9.

TABLE DES MATIÈRES.

PREMIÈRE PARTIE.

OPÉRATIONS.

RAPPORT GÉOMÉTRIQUE.

DEUXIÈME PARTIE.

APPLICATIONS.

CHEMINS VICINAUX DE GRANDE COMMUNICATION, CHEMINS DE FER ET ROUTES.

DU CALCUL DES PENTES.

TABLE DES MATIÈRES.

FIN DE LA TABLE DES DEUX PREMIÈRES PARTIES.

L'ART

DU

NIVELLEMENT.

PREMIÈRE PARTIE.

1. L'art du *nivellement* consiste à déterminer de combien un point est plus près ou plus éloigné qu'un autre du centre de la terre. De là, on peut établir pour principe fondamental que *deux ou plusieurs points sont de niveau entre eux, lorsqu'ils appartiennent à une surface sphérique parallèle à la surface des eaux en repos;* ainsi, *niveler,* c'est établir le rapport qui existe entre plusieurs points comparés à une ligne de niveau.

2. On parvient à connaître les différences de niveau de plusieurs points, à l'aide de lignes horizontales (celles qui sont tangentes à la surface de la terre et dont le point de contact est le lieu même de l'observateur), auxquelles on rapporte les élévations ou les dépressions de ces points.

3. Ces lignes sont données, soit par la perpen-

diculaire à la *verticale* (1), soit par le rayon visuel rasant la surface d'un liquide contenu dans un cylindre recourbé et ouvert à ses deux extrémités, soit enfin par une ligne parallèle à l'axe d'un tube cylindrique en cuivre, rempli en partie d'alcool ou d'éther, et disposé de manière que la bulle d'air, dont la pesanteur spécifique est moindre que cette liqueur, et qui, par cette raison, tend toujours à occuper le point le plus haut de ce tube, soit placée exactement en son milieu. De là les instruments nommés *niveaux à perpendicule* ou de maçon, *niveaux d'eau et niveaux à bulle d'air.*

DU NIVEAU VRAI ET DU NIVEAU APPARENT.

(Figure première.)

4. Toute ligne courbe tracée sur la surface de la terre ou parallèle à cette surface, est appelée ligne de *niveau vrai.* Telle est la ligne circulaire F′ A E′.

5. Toute ligne droite, tangente au niveau vrai, comme F A D, se nomme ligne de *niveau apparent,* c'est le niveau que détermine le rayon visuel en opérant sur le terrain.

6. On appelle la différence du niveau apparent

---

(1) La ligne verticale ou fil à plomb est le prolongement du rayon terrestre perpendiculaire à l'horizon. Les corps abandonnés à la seule action de la pesanteur tombent suivant cette ligne.

AB au niveau vrai AE, la partie extérieure BE de la sécante BB'. Or, comme la tangente s'écarte d'autant plus qu'elle est prolongée au delà du point de contact, il résulte que plus la ligne de niveau apparent devient longue, plus elle s'écarte du niveau vrai.

7. Quoique ces deux lignes semblent se confondre, la différence augmentant au fur et à mesure que le rayon visuel s'éloigne du point d'attouchement, cette différence devient quelquefois assez considérable pour ne pas être toujours négligée.

8. Pour trouver la différence qui existe entre ces deux lignes d'après une longueur déterminée, on peut imaginer la ligne CB tirée du centre C au point B qui sera l'hypothénuse d'un triangle rectangle ABC dont les côtés connus seront AC le rayon de la terre (1), et le côté AB qu'on aura mesuré.

---

(1) DIMENSIONS DU GLOBE.

Rayon de l'équateur ou demi-grand axe de l'ellipsoïde terrestre	6 375 750 mètres
Rayon du centre au pôle ou demi-petit axe	6 356 662
Aplatissement aux pôles, ou excès du rayon équatorial sur le rayon polaire	19 088
Rayon de la terre, supposée sphérique	6 366 198
Circonférence de l'ellipsoïde sous le méridien de Paris	39 999 867
Circonférence sous l'équateur	40 059 948

La question se résout donc à chercher l'hypothénuse BC de laquelle on ôtera le rayon ou demi-diamètre EC, et le reste sera la différence du niveau vrai au niveau apparent, c'est-à-dire l'élévation du point B au-dessus du point E.

9. De même, en vertu de ce que toute tangente au cercle est moyenne proportionnelle entre la sécante entière et sa partie extérieure, on aura :

$$BB' : AB :: AB : BE = \frac{\overline{AB}^2}{BB'} = \frac{\overline{AB}^2}{2CE + BE};$$

d'où

$$\overline{BE}^2 + 2CE \times BE = \overline{AB}^2.$$

10. Dans la pratique, la différence du niveau vrai au niveau apparent étant toujours si petite à l'égard du diamètre de la terre, que la formule précédente peut sans erreur sensible être réduite à

$$BE = \frac{\overline{AB}^2}{2CE}, \text{ ou, pour abréger, } h = \frac{a^2}{2R},$$

de même pour une autre distance $AB = a'$, on aurait DE',

ou

$$h' = \frac{a'^2}{2R};$$

d'où il suit que les hauteurs du niveau apparent au-dessus du niveau vrai sont entre elles, à très-peu près, comme les quarrés des tangentes correspondantes, ou même des arcs auxquels ces tangentes appartiennent.

11. Sachant que le rayon

$$CE = R = 6\,366\,198 \text{ mètres},$$

ou que le logarithme $2R = 7{,}1049101$, et connaissant la distance $AB = a$, il est facile de calculer la hauteur h dont il s'agit. Cherchons, pour appliquer les principes ci-dessus, les hauteurs EB et E′D, la distance AB étant égale à 450 mètres, et celle AD à 1000 mètres.

12. La hauteur correspondante à 450 mètres sera donnée par la formule

$$h = \frac{a^2}{2R} = \frac{(450)^2}{2R},$$

et l'on trouvera, en opérant à l'aide des logarithmes, que $h = 0{,}016$.

13. On aura ensuite la hauteur h' correspondant à la distance $a' = 1000$ mètres, par le moyen de la proportion suivante :

$$a^2 : a'^2 :: h : h' ;$$

ou en valeurs numériques

$$(450)^2 : (1000)^2 :: (0{,}01600) : h'.$$

Ainsi $h' = 0{,}0785$. Si l'on devait effectuer d'autres calculs de cette espèce, il serait plus simple de comparer à cette dernière hauteur toutes celles à déterminer, parce que la division se ferait sur-le-champ en déplaçant convenablement la virgule décimale. C'est d'après ce principe que nous avons calculé la table suivante des différences du niveau vrai au niveau apparent sur des longueurs déterminées.

DISTANCES.	DIFFÉRENCES.	DISTANCES.	DIFFÉRENCES.
mètres.	m.	mètres.	m.
50	0,0002	800	0,0502
100	0,0008	850	0,0566
150	0,0017	900	0,0635
200	0,0031	950	0,0709
250	0,0049	1000	0,0785
300	0,0071	1100	0,0949
350	0,0096	1200	0,1130
400	0,0126	1300	0,1326
450	0,0159	1400	0,1538
500	0,0196	1500	0,1766
550	0,0237	1600	0,2009
600	0,0283	1700	0,2268
650	0,0332	1800	0,2543
700	0,0385	1900	0,2833
750	0,0441	2000	0,2139

(Figure 2.)

14. On appelle *point de visée* ou *point de mire* l'un des points visibles d'un corps vers lequel on dirige un rayon visuel. A une distance un peu grande, le point de visée paraît dans un lieu autre que celui qu'il occupe réellement; c'est cet effet que l'on nomme *réfraction* (1); elle fait paraître presque toujours les objets plus élevés qu'ils ne sont vraiment; et elle est d'autant plus forte, que ces objets sont moins élevés au-dessus de l'horizon de l'observateur. Pour ne pas y avoir égard, on place l'instrument à peu près à égale distance des deux points éloignés dont on cherche la différence de niveau; par ce moyen, l'on est même dispensé d'avoir égard à la différence du niveau vrai au niveau apparent. Si, par exemple, oo' (*Fig.* 2.) est une ligne de niveau apparent, donné par un instrument placé en A, et que $AO = AO'$ (la ligne OAO' pouvant être brisée à volonté en A), les points O, O', lieux apparents des points de mire o, o' seront nécessairement à égale distance du centre C de la terre, ou seront de niveau; et l'effet de la réfraction en O, ainsi que la hauteur du niveau apparent au-dessus du niveau vrai à ce point seront respectivement les mêmes qu'en O'. Il suit de là, et à cause de $oO = o'O'$, que la différence de niveau des deux points B, B' est en général représentée par $O'B' - OB = o'B' - oB$. Si $oB = o'B'$, les deux points B', B seront de niveau; si au contraire, $o'B'$ est plus grand ou plus petit

(1) En général, la réfraction est environ les $\frac{16}{100}$ de la hauteur du niveau apparent au-dessus du niveau réel.

que *o* B, le premier point sera plus bas ou plus haut que le second B.

DU NIVEAU D'EAU.

(Figure 3.)

15. Le plus simple et le plus commode de tous les niveaux, est le *niveau d'eau,* celui qui est généralement employé dans les ponts et chaussées. Il est composé d'un tuyau cylindrique recourbé par les deux bouts, et de manière à recevoir deux fioles F, F′ ouvertes l'une et l'autre par leurs extrémités. Ce tuyau qui peut se briser en trois parties est monté, comme les graphomètres, sur un genou M et un pied à trois branches N, et doit avoir environ un mètre de long. A l'aide de cette disposition, l'on est libre d'incliner, d'élever, d'abaisser et de faire tourner tout l'instrument à volonté. La plupart des niveaux de cette espèce sont construits en fer-blanc, mais les plus solides et les plus commodes sont en cuivre.

16. Lorsque l'on doit se servir de cet instrument, on verse de l'eau dans une des fioles, et aussitôt elle se communique à l'autre branche: on en met une quantité suffisante pour remplir les deux fioles à peu près aux deux tiers. Alors quand les deux surfaces de l'eau sont parfaitement en repos, elles sont de ni-

veau entre elles, en vertu de la propriété des fluides qui se mettent toujours dans cette situation lorsqu'ils agissent librement; pourvu toutefois qu'il n'y ait aucune bulle d'air logée dans l'intérieur de la branche horizontale, parce qu'alors les deux colonnes en équilibre n'auraient pas la même pesanteur spécifique. Pour faire sortir ces bulles, on bouche l'une des fioles, et l'on penche l'instrument de manière qu'il soit à peu près vertical; alors tout l'air qui peut y être contenu s'élève et s'échappe par l'autre fiole. C'est aussi en bouchant par intervalle une des fioles avec le doigt, que l'on parvient à surprendre le balancement de la colonne aqueuse, occasionné par le mouvement donné à l'instrument pour le diriger sur le point de mire.

17. L'eau dans les fioles étant parfaitement en repos on obtient le point de mire K par le rayon visuel R K rasant la surface du liquide contenu dans le niveau d'eau.

DU NIVEAU A BULLE D'AIR.

(Figure 3 *bis*.)

Le niveau le plus exact et le plus sensible est le *niveau à bulle d'air*. Il est formé d'un tube A en verre gradué à peu près cylindrique (*Fig*. 3 *bis*), mais fermé aux deux extrémités B C, et légèrement renflé à son milieu pour rendre le mouvement de la bulle plus régulier. Ce tube est rempli d'eau ou d'un autre liquide, à l'exception d'un petit espace qui est occupé par une bulle d'air, et enfermé en partie dans un autre tube de cuivre faisant corps avec une plaque rectangulaire de même métal par laquelle il est supporté et dont le plan est parallèle à son axe. Pour que cet axe du tube soit horizontal, il faut que la bulle d'air reste immobile au milieu de sa longueur; ce qui n'a pas lieu lorsqu'il est incliné, parce que l'air, étant plus léger que le liquide, monte de suite vers la partie la plus élevée du tube.

Pour les grandes opérations de nivellement, on adapte au niveau à bulle d'air une lunette D E dont l'axe est parallèle à celui de l'instrument. Ce niveau, ainsi établi, se fixe au moyen de vis de rappel V sur un pied à plateau et à six branches.

Le niveau d'eau et le niveau à bulle d'air sont les seuls employés dans les ponts et chaussées; le premier pour les nivellements de détails et le deuxième pour les grandes opérations et principalement pour celles qui exigent beaucoup de précision, comme pour les cours d'eau, etc.

DE LA MIRE.

(Figures 4 et 4 *bis.*)

18. L'usage du niveau exige celui de la *Mire.* Cette pièce est composée, 1°. d'un montant P, P′, P″ divisé en mètres, centimètres et millimètres dans toute sa longueur qui peut présenter quatre à cinq mètres de développement au moyen d'une rallonge à coulisse; 2°. d'une feuille de fer-blanc, d'environ trois décimètres en quarré divisée sur le recto K en quatre parties dont deux blanches et deux de couleur rouge. Cette feuille appelée *voyant* se fixe à volonté au montant par le moyen d'une vis de pression V.

OPÉRATIONS.

DU NIVELLEMENT SIMPLE.

(Figures 5, 6 et 7.)

19. On appelle nivellement *simple* celui par lequel on peut déterminer par une seule station ou d'un seul coup de niveau la différence de hauteur de deux ou de plusieurs points. Les trois problèmes suivants sont du ressort du nivellement simple.

PREMIER PROBLÈME.

20. *Déterminer la différence du niveau des deux points* E *et* D (*Fig.* 5).

Placez le niveau au point de station M, à peu près à égale distance des termes E et D, sans qu'il soit nécessaire de le placer sur la ligne qui joint ces deux termes. Faites placer la mire verticalement au point E, sur un piquet à fleur de terre, et puis, par un signe convenu, faites monter ou descendre le voyant jusqu'à ce que le rayon visuel BA, rasant la surface de l'eau du niveau (16), aboutisse à la ligne de mire; et lorsque l'on aura remarqué sur le montant de la mire EN la hauteur EA, ou la *cote* du terme E, on l'écrira sur le brouillon du nivellement. Sans déranger le pied du niveau, faites transporter la mire au point D, et par une opération semblable à la précédente, vous déterminerez la hauteur DB, ou *cote* du terme D que vous écrirez aussi sur le brouillon.

Soit pour exemple EA=1^{m},455 et DB=0^{m},995. On voit, par l'inégalité de ces cotes, que les deux points E, B ne sont pas de niveau, que le point E observé par le *coup d'arrière* EA est plus bas que le point D observé par le *coup d'avant* DB de la quantité AE — DB = 1,455 — 0,995 = 0^{m},46. En général, le point le plus bas est évidemment celui qui a la plus forte cote.

On se rappellera que, du point de départ, le niveleur, à chaque station, doit toujours avoir le terme du coup d'arrière vers sa gauche et celui du coup d'avant vers sa droite. De même, pour que le rayon visuel soit parfaitement tangent aux deux fioles, il doit se mettre à deux mètres environ d'une des fioles et pointer d'un œil seulement.

DEUXIÈME PROBLÈME.

21. Déterminer la différence respective de niveau des points C, D, E, F (*Fig.* 6).

Le niveau étant posé au point O, faites placer la mire en C afin de déterminer par le rayon visuel BA la hauteur CA. Sans déranger le pied du niveau, faites placer successivement la mire aux points D, E, F, pour en avoir les cotes, et l'opération étant terminée, par de simples soustractions vous déterminerez la différence respective de niveau entre chaque terme.

Soit pour exemple, $CA = 1^{m},10$, $DM = 1,20$, $EN = 1,80$ et $FB = 1,50$. On voit que le point C est plus haut que le point D de la quantité $DM - CA = 1,20 - 1,10 = 0,10$; que le point E est plus bas que le point D de la quantité $EN - DM = 1,80 - 1,20 = 0,60$; que F est plus haut que le point E de la quantité $EN - FB = 1,80 - 1,50 = 0,30$; que le point F est plus bas que le point C de la quantité $FB - CA = 1,50 -$

1,10 = 0,40 différence des deux termes extrêmes; que le point F est plus bas que le point D de la quantité FB — DM = 1,50 — 1,20 = 0,30.

TROISIÈME PROBLÈME.

22. Déterminer la différence de niveau des points B, C, D, établis perpendiculairement à la direction AM du nivellement (*Fig.* 7).

Sachant qu'il n'est pas nécessaire de placer l'instrument dans la direction des points à niveler, on pourra de la station M déterminer la différence respective de niveau des points B, C, D, par les rayons visuels bb', cc', dd', et l'intersection de ces rayons se fera en P par le mouvement de l'instrument sur son genou, sans qu'il soit pour cela nécessaire de changer son pied de position.

Si B*b* = 1,25, C*c* = 1,30 et D*d* = 1,37, on voit que le point B est plus haut que le point C de la quantité C*c* — B*b* = 1,30 — 1,25 = 0,05, que D est plus bas que le point C de la quantité D*d* — C*c* = 1,37 — 1,30 = 0,07, et que B est plus haut que le point D de la quantité D*d* — B*b* = 1,37 — 1,27 = 0,10.

DU NIVELLEMENT COMPOSÉ.

(Figures 8 et 9.)

Figure 8.

23. On appelle *nivellement composé* celui dont les termes extrêmes sont placés au delà des limites de l'étendue du rayon visuel et qu'on est obligé de lier par une suite de nivellements simples, ou bien lorsque le terrain présente beaucoup d'inégalités ou une pente considérable.

Soit ABCD le terrain proposé et AD les termes extrêmes du nivellement supposés assez éloignés pour qu'on ne puisse en déterminer précisément la différence de niveau qu'en faisant plusieurs stations M, N, O; dans ce nivellement composé, chaque nivellement simple s'attache à celui qui le précède immédiatement par le coup de niveau d'arrière qui se donne sur le point où l'on a visé pour donner le coup de niveau d'avant, comme on le voit à l'inspection de la figure.

Lorsque l'on a pour objet unique de connaître la différence de niveau des termes extrêmes A, D du nivellement, on dirige de la manière la plus commode, la ligne A, B, C, D, qui peut être ou non dans le même plan vertical, et les verticales A*a*,

B*b*, C*c*, D*d*, sont les seules qu'il importe de connaître; mais si la direction de la ligne du nivellement est commandée par la nature de quelques travaux subséquents, on mesure toutes les distances horizontales *a b*, *b' c*, *c' d*. Ordinairement on commence par lever le plan du terrain sur lequel on doit former un projet, et l'on marque par des piquets à fleur de terre, et placés à chaque terme du nivellement, la direction de la ligne ainsi qu'aux points pris de chaque côté pour la formation des *profils transversaux*, comme lorsqu'il s'agit de construire un canal, une route, un chemin de fer, etc. Dans ces travaux, la ligne de direction établie sur l'axe se nomme *profil longitudinal*. C'est sur ce profil qu'on règle la ligne de projet qui détermine par des cotes *rouges*, cotes obtenues par le calcul, la hauteur des remblais ou la profondeur des déblais.

Soit proposé d'obtenir la différence du niveau des deux points A, D, connaissant sur le brouillon du nivellement toutes les cotes d'arrière et d'avant.

De la somme des coups d'arrière on ôte celle des coups d'avant, ou de celle des coups d'avant on ôte celle des coups d'arrière, et le reste est la différence de niveau qui existe entre les deux termes extrêmes. Lorsque le reste est nul, ces deux termes sont de niveau entre eux. Dans le cas de la figure, par exemple; on a,

COUPS D'ARRIÈRE.		COUPS D'AVANT.	
$Aa =$	1,50	$Bb =$	1,50
$Bb' =$	0,40	$Cc =$	2,00
$Cc' =$	1,70	$Dd =$	0,70
Somme. . . .	3,60	Somme. .	4,20

ainsi le point A est au-dessus du niveau du point D de 4,20 — 3,60 = 0,60.

En effet,	1,50 — 1,50	de la 1re station = 0,00
	2,00 — 0,40	2e station = 1,60
	1,70 — 0,70	3e station = 1,00

1,60 — 1,00 = 0,60, résultat qui confirme la règle énoncée ci-dessus.

(Figure 9.)

24. S'il n'était pas possible de placer l'instrument entre des termes du nivellement partiel, comme entre les points B, C et C, D, on ferait le nivellement de la première station M, d'une manière analogue à celui de la figure 6, et celui de la station N en prenant la cote d'arrière au terme de la troisième cote d'avant de la première station.

RAPPORT GÉOMÉTRIQUE.

NIVELLEMENT SIMPLE.

25. Pour faire le rapport géométrique d'un nivellement simple, il ne s'agit que de tirer une ligne indéfinie, représentant le rayon visuel; on marquera sur cette ligne les distances qu'on aura mesurées successivement entre chaque terme; de chacun d'eux, on abaissera des perpendiculaires qui auront des longueurs proportionnelles aux hauteurs observées sur le terrain, et des extrémités de ces perpendiculaires on tirera des lignes qui donneront la forme ou coupe de terrain nivelé. Afin de rendre le relief et les pentes du terrain plus sensibles à l'œil, on rapporte les hauteurs sur les verticales d'après une échelle plus grande que celle dont on fait usage pour les longueurs horizontales entre chaque terme. Ordinairement on prend l'échelle des hauteurs, multiple de celle des longueurs.

NIVELLEMENT COMPOSÉ.

26. Pour faire le rapport géométrique d'un nivellement composé, il faut le réduire à un nivellement simple, et pour cela, on prendra un nombre quelconque pour *ordonnée* qui sera la hauteur

du 1er terme du rapport. De cette ordonnée, on retranchera le 1er coup d'arrière, et au reste on ajoutera le 1er coup d'avant pour avoir le 2e terme; du 2e terme, on retranchera le 2e coup d'arrière au reste duquel on ajoutera le 2e coup d'avant pour avoir le 3e terme du rapport, et ainsi de suite.

Soit proposé pour exemple de faire le rapport du nivellement composé, *fig.* 8, et prenant 2 mètres pour ordonnée, on aura :

1°. 2,00 pour premier terme (*fig.* 10);
2°. 2,00 — 1,50 = 0,50 + 1,50 = 2,00 pour 2e terme;
3°. 2,00 — 0,40 = 1,60 + 2,00 = 3,60 pour 3e terme;
4°. 3,60 — 1,70 = 1,90 + 0,70 = 2,60 pour 4e terme.

Pour confirmer le résultat de la règle énoncée ci-dessus, on peut établir le tableau ci-après indiquant le résultat de chaque opération.

TABLEAU DES OPÉRATIONS					
SUR LE TERRAIN.			SUR LE PAPIER.		
ARRIÈRES.	AVANTS.	DIFFÉRENCES	ARRIÈRES.	AVANTS.	DIFFÉRENCES.
1,50	1,50	0,00	2,00	2,00	0,00
0,40	2,00	1,60	2,00	3,60	1,60
1,70	0,70	1,00	3,60	2,60	1,00

27. Pour réduire à un nivellement simple, ainsi que le représente la *fig.* 11, le nivellement com-

posé de la *fig.* 9, on opérera de la manière suivante :

Deux mètres étant pris pour ordonnée, on aura :

1°. 2,00 pour premier terme de rapport ;
2°. 2,00 — 0,80 = 1,20 + 1,80 = 3,00 pour 2ᵉ terme;
3°. 2,00 — 0,80 = 1,20 + 2,50 = 3,70 pour 3ᵉ terme;
4°. » » 1,20 + 2,50 = 3,70 pour 4ᵉ terme;
5°. 3,70 — 2,00 = 1,70 + 0,30 = 2,00 pour 5ᵉ terme.

DEUXIÈME PARTIE.

APPLICATIONS.

CHEMINS VICINAUX DE GRANDE COMMUNICATION, CHEMINS DE FER ET ROUTES.

DU TRACÉ.

28. Le *tracé* d'un chemin vicinal de grande communication, d'un chemin de fer ou d'une route, se détermine sur le terrain par un ou plusieurs alignements jalonnés et piquetés (N° 23) sur l'axe de la voie de communication à ouvrir.

Les divers alignements d'un tracé sont réunis entre eux au moyen de lignes circulaires qui ne peuvent avoir moins de 30 mètres de rayon (1) afin de rendre facile le roulage des grands attelages, ces courbes se trouvant généralement dans la formation des lacets établis pour le développement des côtes. Les angles adoucis par portions de circonférences forment, à chaque naissance de courbes, des jarrets désagréables à l'œil, mais ces courbes étant

(1) Pour les chemins de fer, le minimum du rayon de ces courbes est de 1000 mètres de longueur.

tracées paraboliquement, ne présentent pas de semblables défectuosités.

29. Dans les alignements droits, les profils transversaux coupent perpendiculairement l'axe du profil longitudinal, et dans les courbes la direction de chacun d'eux doit tendre au centre de la ligne circulaire.

30. Les profils en travers doivent toujours être en assez grand nombre et tellement placés, qu'on ne puisse désirer aucune cote intermédiaire à deux profils pour la forme exacte du terrain. Dans les chemins de fer, le profil en travers est déterminé par le nombre des voies, leur distance entre elles et la largeur nécessaire en dehors de ces voies.

DU PLAN PARCELLAIRE.

31. Le *plan parcellaire* est établi pour indiquer

1°. Le tracé du projet;

2°. Les termes du nivellement et les points des profils transversaux;

3°. Les limites fixant la largeur du projet et les numéros des parcelles occupées par la voie à ouvrir;

4°. Les arbres qui doivent être arrachés et les bâtiments susceptibles d'être enlevés.

32. Dans les projets où il se trouve des mouve-

ments de terrain considérables, la direction de la voie de communication ne peut être appliquée sur le plan parcellaire qu'après l'achèvement des opérations de nivellement, comme donnant avec la base des talus les limites de la largeur du projet.

33. Les plans parcellaires sont ordinairement rapportés à l'échelle de $0^{m},001$ millimètre pour mètre, et chaque ouverture d'angle formée par les alignements, cotée très-exactement d'après les divisions et subdivisions du cercle.

DE LA LIGNE DE PROJET.

34. Dans la formation d'un projet de chemin ou de route, on appelle *ligne de projet* les directrices qui déterminent l'inclinaison des *pentes et rampes;* ces directrices doivent être établies de manière à obtenir, autant que possible, l'égalité des remblais avec les déblais; par leur disposition l'inclinaison des pentes et rampes ne doit pas excéder $0^{m},05$ centimètres par mètre courant.

DU CALCUL DES PENTES.

(Figure 12.)

Nota. La figure 12 et les suivantes devront être considérées comme des rapports géométriques d'opérations faites sur le terrain. — Les cotes rouges sont soulignées et les lignes de projet ponctuées (-..-..-..-..-).

PENTE DU PROJET.

35. Les cotes rouges A*a*, B*b* des termes extrêmes du profil longitudinal étant déterminées par la ligne de projet AB, la *pente absolue* de cette ligne sera égale à $BD - AC = 3{,}60 - 1{,}60 = 2{,}00$, et la pente par mètre à

$$\frac{BD - AC}{CD} = \frac{3{,}60 - 1{,}60}{80^{m}} = 0{,}025.$$

PENTE DU TERRAIN NATUREL.

36. 1re *Station.*

$aC - Mm = 2{,}00 - 2{,}00 = 0{,}00$, pente absolue;

$$\frac{aC - Mm}{CM} = \frac{2{,}00 - 2{,}00}{20{,}00} = 0{,}00,$$ pente par mètre.

2e *Station.*

$Nn' - Mm = 3{,}60 - 2{,}00 = 1{,}60$, pente absolue;

$$\frac{Nn' - Mm}{MN} = \frac{3{,}60 - 2{,}00}{40{,}00} = 0{,}04,$$

centimètre de pente par mètre.

3e *Station.*

$Nn' - Db = 3{,}60 - 2{,}60 = 1{,}00$, pente absolue;

$$\frac{Nn' - Db}{ND} = \frac{3{,}60 - 2{,}60}{20} = 0{,}05,$$

centimètre de pente par mètre.

DES COTES ROUGES (N° 23).

Profil longitudinal.

(Figure 12.)

37. Les cotes rouges sont, comme nous l'avons dit N° 23, celles obtenues par le calcul, celles qui marquent la hauteur des remblais et la profondeur des déblais, et qui, par conséquent, se trouvent comprises entre les lignes de projet et celles du terrain naturel.

CALCUL.

38. La ligne de projet étant fixée à ses deux extrémités, la cote rouge Aa égalera

$$Ca - CA = Aa = 2{,}00 - 1{,}60 = 0{,}40,$$

et la cote Bb égalera

$$DB - Db = Bb = 3{,}60 - 2{,}60 = 1{,}00.$$

39. Pour obtenir les cotes rouges intermédiaires des points extrêmes de la ligne de projet, il faut multiplier la distance horizontale par la pente par mètre du projet, ajouter au produit le coup d'arrière, et de la somme totale retrancher le coup d'avant. La pente par mètre du projet étant représentée par Y, la cote rouge mm' du 2e terme sera égale à

$$CM \times Y + AC - Mm = 20{,}00 \times 0{,}025 + 1{,}60 - 2{,}00 = 0{,}10,$$

De même, la cote rouge nn' du 3e terme sera égale à

$$(CM + MN) \times Y + AC - Nn' = (20,00 + 40,00) \times 0,025 + 1,60 - 3,60 = 0,50.$$

DU POINT DE PASSAGE.

40. On appelle *point de passage* l'intersection commune d'une ligne de projet avec le terrain naturel.

41. Si l'intersection a lieu par une ligne oblique sur une horizontale entre deux cotes rouges C, C', dont l'intervalle soit représenté par D, en appelant x la distance du point de passage à la cote C, on aura

$$x = \frac{C \times D}{C - C'}.$$

42. Si le talus du terrain, dont la pente par mètre est P, monte, tandis que celui du projet, dont la pente est p, descend, on a

$$x = \frac{C}{P + p}.$$

43. Si au contraire les deux talus ou pentes vont dans le même sens, on a

$$x = \frac{C}{P - p}.$$

Application des formules ci-dessus aux points de passages P P′P″. (*Fig.* 12.)

PREMIER CAS.

44. Pour trouver la distance horizontale a P, on aura

$$\frac{\mathrm{A}a \times \mathrm{CM}}{\mathrm{A}a + mm'} = \frac{0{,}40 \times 20{,}00}{0{,}40 + 0{,}10} = 16 \text{ mètres},$$

ou
$$\frac{0{,}40}{0{,}025} = 16 \text{ mètres};$$

et pour la distance m P, on aura

$$\frac{mm' \times \mathrm{CM}}{\mathrm{A}a + mm'} = \frac{0{,}10 \times 20{,}00}{0{,}40 + 0{,}10} = 4 \text{ mètres},$$

ou
$$\frac{0{,}10}{0{,}025} = 4 \text{ mètres}.$$

DEUXIÈME CAS.

45. Pour trouver la distance horizontale du point de passage P″ à la cote rouge Bb, on aura

$$\frac{1{,}00}{0{,}025 + 0{,}05} = 13{,}333\ldots.;$$

et pour la distance P″ à la cote rouge nn', on aura

$$\frac{0{,}50}{0{,}025 + 0{,}05} = 6{,}666\ldots..$$

TROISIÈME CAS.

46. Pour trouver la distance horizontale du point de passage P′ à la cote rouge *m m′*, on aura

$$\frac{0{,}10}{0{,}04 - 0{,}025} = 6{,}666\ldots;$$

et pour la distance P′ à la cote rouge *n n′* on aura

$$\frac{0{,}50}{0{,}04 - 0{,}025} = 33{,}333\ldots..$$

(Figure 13.)

47. De même, on peut obtenir la distance horizontale OP en effectuant les calculs de la proportion suivante :

$$BD + AC : MN :: AC : OP = 2{,}00 + 2{,}00 : 80{,}00 :: 2{,}00 : x$$

$$x = \frac{80{,}00 \times 2{,}00}{2{,}00 + 2{,}00} = 40^{m}.$$

CHAUSSÉES.

CHEMINS VICINAUX DE GRANDE COMMUNICATION.

(Figure 14.)

48. Les *chaussées* de chemins de grande communication sont, comme celles des routes départementales, composées d'un encaissement A rempli en cailloutage ou en pavé, de deux accotements

ou berges B B′, et de deux fossés C C′ établis pour l'écoulement des eaux et pour défendre les abords des chaussées.

49. La *chaussée* des chemins vicinaux a ordinairement 8 mètres entre fossés, savoir : 4 mètres pour les accotements et 4 mètres pour la chaussée d'empierrement.

50. L'*encaissement* a de 0,25 à 0,30 centimètres de profondeur, et son plafond réglé suivant un arc de cercle dont la hauteur de la flèche varie de 0,12 à 0,14 centimètres.

51. Les *accotements* sont inclinés à raison de 5 à 6 centimètres par mètre, suivant le bombement de la chaussée d'empierrement. (N° 50.)

52. Les *fossés* ont un mètre de largeur à l'arête extérieure d'accotement, $0^{m},20$ dans le fond, et $0^{m},40$ de profondeur, ce qui fait que les côtés latéraux se trouvent coupés à 45 degrés.

53. Les *talus des remblais* sont ordinairement inclinés à raison de $0^{m},80$ par mètre, $1 + \frac{1}{4}$ de base pour un de hauteur, et ceux des *déblais* coupés à 45 degrés.

Ces dimensions peuvent varier en raison de la nature du sol. Dans les environs de Fontainebleau les talus des remblais doivent avoir au moins

$1 + \frac{1}{2}$ de base pour un de hauteur, tandis que dans quelques localités ces talus peuvent être réglés suivant une inclinaison de un mètre pour mètre comme les talus des déblais. Dans les chemins de fer, les talus des remblais sont réglés à 2 de hauteur sur 3 de base.

ROUTES DÉPARTEMENTALES.

54. Généralement les routes départementales ont 10 mètres de largeur entre fossés, savoir : 5 mètres de chaussée d'empierrement et 5 mètres d'accotements. Les fossés ont $1^{m},50$ d'ouverture, $0^{m},50$ de profondeur, et les côtés latéraux coupés à 45 degrés.

55. A part les dimensions de la chaussée, la construction d'un chemin vicinal de grande communication est la même que pour une route départementale.

Projet pour la construction d'une lacune de chemin de grande communication, entre A et B du plan parcellaire, figure 15, sur une longueur de 154 mètres.

PLAN PARCELLAIRE.

(Figure 15.)

56. Après avoir jalonné la ligne AB et déterminé par des piquets chassés à fleur de terre les

termes A, C, D, E, F, M, B du nivellement et où correspondent les profils transversaux, on lèvera le plan des parcelles qui environnent l'axe du chemin sur une distance de 40 mètres environ de chaque côté de cet axe. C'est d'après le rapport géométrique du plan parcellaire et l'application de la largeur totale du projet sur ce plan qu'on pourra effectuer les calculs relatifs aux contenances des portions de terrain enlevées à l'agriculture. (N° 32.)

57.

TABLEAU ÉNONCIATIF

DE LA CONTENANCE ET DE LA VALEUR APPROXIMATIVE DE CHAQUE PARCELLE (1).

NUMÉROS DU PLAN.	NOMS DES PROPRIÉTAIRES.	RÉSIDENCE DES PROPRIÉTAIRES.	INDICATION des FIGURES.	FORMULES.	CONTENANCES.			NATURE des TERRAINS.
					HECTARES.	ARES.	CENTIARES et centimètres.	
1.	Bertin (Pierre)....	La Roussière...	Trapèze...	$\frac{4,53+3,50}{2,00}\times 6,00$	»	»	43,34	Labour.
			Triangle...	$\frac{3,50\times 11,00}{2,00}$.....				
2.	Hurel............	La Barre......	Triangle...	$11,00\times 1,50$.........	»	4	41,25	Labour.
			Trapèze...	$3,00+6,108\times\frac{6,00}{2}$				
			Idem ...	$12,15+6,108\times\frac{13}{2}$				
			Idem ...	$12,15+11,08\times\frac{24}{2}$				
3.	Leclerc (Louis)...	La Barre......	Trapèze...	$11,08+14,34\times\frac{25}{2}$	»	3	17,75	Pré.
4.	Besnard..........	Livet-en-Ouche.	Trapèze...	$14,812+11,623\times\frac{24}{2}$	»	3	17,22	Pré.
5.	Veuve Degoy......	Saint-Aubin. ..	Trapèze...	$11,623+10,90\times\frac{39}{2}$	»	4	39,20	Landes.
				Total....................	»	15	58,76	

(1) Quelquefois on ouvre trois colonnes en plus, l'une pour les valeurs de l'hectare, l'autre pour les sommes à payer, et la troisième pour les observations.

NIVELLEMENT SUR LE TERRAIN.

Figure 16.

58. Le plan parcellaire étant terminé, on fera le nivellement sur le terrain en plaçant successivement le niveau entre chaque terme, afin d'obtenir le coup d'arrière et le coup d'avant de chaque station. La figure 16 représente le brouillon de ce nivellement, et la figure 17 le rapport géométrique.

PROFIL LONGITUDINAL.

Figure 17. — N° 26.

Rapport géométrique.

CALCULS.

59. Prenant $2^m,70$ pour ordonnée, on aura

1°. 2,70 pour premier terme;
2°. 2,70 — 2,00 + 1,50 = 2,20 pour deuxième terme;
3°. 2,20 — 1,40 + 1,60 = 2,40 pour troisième terme;
4°. 2,40 — 1,35 + 4,45 = 5,50 pour quatrième terme;
5°. 2,40 — 1,35 + 5,65 = 6,70 au fond de la rivière;
6°. (6,70 — 1,20) = 5,50 — 5,00 + 1,40 = 1,90 pour sixième terme;
7°. 1,90 — 1,60 + 1,91 = 2,21 pour septième terme.

60. Au terme cinquième il faut ajouter pour la profondeur de la rivière 1,20 provenant de 5,65 — 4,45 (*Fig.* 16).

INCLINAISON DE LA LIGNE DE PROJET.

(Figure 17.)

61. La ligne de projet *a k* étant fixée aux termes 1 et 2 du profil longitudinal, la pente absolue de cette ligne sera

$$3,23 - 2,46 = 0,77,$$

et la pente par mètre

$$\frac{3,23 - 246}{154,00} = 0,005 \text{ millimètres.}$$ (Voir le N° 36.)

62. Si la pente par mètre de la ligne de projet, à partir du point de départ, s'élève, cette ligne prend le nom de *rampe,* et si au contraire l'inclinaison baisse, elle se nomme *pente.*

COTES ROUGES.

(Figure 17. — Voir les N°s 38 et 39.)

CALCULS.

63. $Aa = 3,23 - 2,70 = 0,53$, cote rouge du 1er terme;
$Bb = (3,23 - 2,20) - (21,00 \times 0,005) = 0,925$, pour 2e terme;
$Cc = (3,23 - 2,40) - (21 + 37) \times 0,005 = 0,54$, pour 3e terme;
$Dd = 83 \times 0,005 = 0,415 + 5,50 = 5,915 - 3,23 = 2,685$, pour 4e terme;
$Ee = 91 \times 0,005 = 0,455 + 5,50 = 5,955 - 3,23 = 2,725$, pour 5e terme;
$Ff = (3,23 - 1,90) - (91 + 24) \times 0,005 = 0,755$, pour 6e terme;
$Kk = 2,46 - 2,21 = 0,25$, pour 7e et dernier terme.

PROFILS TRANSVERSAUX.

(Figures 18, 19 et 24.)

64. Les profils transversaux sont rapportés à l'échelle de 0,01 pour mètre et suivant les cotes observées sur le terrain, chaque profil transversal ayant été nivelé d'une seule station (Nos 19 et 25).

65. C'est au moyen des profils ainsi rapportés qu'on calcule les cubes des *déblais* et des *remblais* qui doivent former les levées et chaussées.

66. Comme ce sont les profils transversaux qui, pris deux à deux, établissent le relief du terrain sur lequel on veut ouvrir un chemin ou une route, il résulte que, d'un profil à l'autre, le terrain est divisé en plusieurs bandes polyèdres à faces gauches, engendrées par le mouvement d'une droite parallèle au plan vertical, passant par l'axe du projet, et dont les extrémités s'appuient sur les lignes de terrain données par les profils en travers.

COTES ROUGES.

PREMIER PROFIL.

(Figure 18.)

Nota. Chaque cote rouge du profil longitudinal sert d'ordonnée au profil transversal qui correspond à cette cote. Nous appellerons également cote rouge les distances verticales entre la ligne horizontale et celle du terrain naturel, qui auront été déterminées à l'aide de celles observées sur le terrain.

Pour les dimensions des fossés et des talus, voir les N°s 52 et 53.

67. La ligne du terrain naturel étant parallèle à la ligne horizontale, et la cote Aa' observée sur le terrain étant égale à 2 mètres, toutes les autres cotes, noires et rouges, comprises entre ces deux lignes, seront évidemment de la même hauteur. $Aa = (aa' - Aa') = 0{,}53$, cote rouge correspondant au premier terme du profil longitudinal.

$Bb = Aa = 0{,}53$;
$Cc = Bb + 0{,}40$, profondeur du fossé $= 0{,}93$;
$Dd = Cc = 0{,}93$;

de même,

$Mm = Aa = 0{,}53$;
$Nn = Bb + 0{,}40$, profondeur du fossé $= 0{,}93$;
$Oo = Nn = 0{,}93$.

Distances horizontales et points de passage.

68. $BC = 0{,}40$, comme résultant d'un talus réglé à $45°$;
$DC = 0{,}20$, largeur du fossé dans le fond;

$$DE = \frac{0{,}93 \text{ cote rouge } Dd}{1{,}00 \text{ pente par mètre}} = 0{,}93, \text{ point de passage à droite;}$$

de même,

$MN = 0{,}40$;
$NO = 0{,}20$;

$$OP = \frac{0{,}93}{1{,}00} = 0{,}93, \text{ point de passage à gauche.}$$

Nota. Dans les autres profils en déblai les distances horizontales étant semblables, nous ne chercherons que les points de passage des talus extérieurs.

DEUXIÈME PROFIL.

(Figure 19.)

Cotes rouges du terrain naturel à la ligne horizontale.

CÔTÉ DROIT.

69. La pente du terrain naturel s'élevant de 0,02 par mètre de B vers E, on aura

$$Cc' = Aa' - (0,40 \times 0,02) = 2,112;$$
$$Dd' = Cc' - (0,20 \times 0,02) = 2,108.$$

70. Bb, cote rouge correspondant au deuxième terme du profil longitudinal, et étant égale à $0^m,925$ millimètres, on aura

$$Aa = Bb + (4,00 \times 0,02) = 1,005;$$
$$Cc = Aa + (0,40 \times 0,02 + 0,40) = 1,413;$$
$$Dd = Cc + (0,20 \times 0,02) = 1,417,$$

ou

$$Aa = bb' - Aa' = 1,005;$$
$$Cc = bb' - Cc' + 0,40 = 1,413;$$
$$Dd = bb' - Dd' + 0,40 = 1,417,$$

et

$$DE = \frac{Dd \text{ cote rouge}}{1,00 - 0,02} = 1,446,$$

d'où $Ee = Dd' - (1,446 \times 0,02) = 2,079.$

CÔTÉ GAUCHE.

71. La pente du terrain naturel s'élevant de 0,03 par mètre de B vers P, on aura

$$Nn' = Mm' - (0,40 \times 0,08) = 2,068;$$
$$Oo' = Nn' - (0,20 \times 0,03) = 2,062.$$

72. Si Bb = 0,925 (N° 70), on aura

$$Mm = Bb + (4,00 \times 0,03) = 1,045;$$

$$N\,n = M\,m + (0{,}40 \times 0{,}03 + 0{,}40) = 1{,}457\,;$$
$$O\,o = N\,n + (0{,}20 \times 0{,}03) = 1{,}463\,,$$

ou $M\,m = b\,b' - M\,m' = 1{,}045\,;$

$$N\,n = b\,b' - N\,n' + 0{,}40 = 1{,}457\,;$$
$$O\,o = b\,b' - O\,o' + 0{,}40 = 1{,}463\,,$$

et $O\,P = \dfrac{O\,o \text{ cote rouge}}{1{,}00 - 0{,}03} = 1{,}508\,,$

d'où $P\,p = O\,o' - (1{,}508 \times 0.03) = 2{,}017.$

TROISIÈME PROFIL.

(Figure 20.)

Cotes rouges.

CÔTÉ DROIT.

73. La pente du terrain naturel étant de 0,005 millimètres par mètre, on aura

$$A\,a' = D\,d' + (0{,}40 \times 0{,}005) = 2{,}422\,;$$
$$B\,b' = A\,a' + (0{,}20 \times 0{,}005) = 2{,}423.$$

74. $C\,c$, cote rouge correspondant au troisième terme du profil longitudinal, et étant égale à $0^{m}{,}54$, on aura

$$D\,d = C\,c - (4{,}00 \times 0{,}005) = 0{,}52\,;$$
$$A\,a = D\,d - (0{,}40 \times 0{,}005) + 0{,}40 = 0{,}918\,;$$
$$B\,b = A\,a - (0{,}20 \times 0{,}005) = 0{,}917\,,$$

ou $D\,d = C\,c' - D\,d' = 0{,}52\,;$

$$A\,a = C\,c' - A\,a' + 0{,}40 = 0{,}918\,;$$
$$B\,b = C\,c' - B\,b' + 0{,}40 = 0{,}917\,,$$

et $B\,E = \dfrac{B\,b \text{ cote rouge}}{1{,}00 + 0{,}005} = 0{,}912\,,$

d'où $E\,e = B\,b' + (E\,B \times 0{,}005) = 2{,}427.$

CÔTÉ GAUCHE.

$Nn' = Mm' - (0,40 \times 0,005) = 2,378$;
$Oo' = Nn' - (0,20 \times 0,005) = 2,377$;
$Mm = Cc' - Mm' = 0,56$;
$Nn = Cc' - Nn' + 0,40 = 0,962$;
$Oo = Cc' - Oo' + 0,40 = 0,963$;

$$OP = \frac{Oo \text{ cote rouge}}{1,00 - 0,005} = 0,968;$$

$Pp = Oo' - (OP \times 0,005) = 2,372$.

QUATRIÈME PROFIL.

(Figure 21.)

Cotes rouges.

CÔTÉ DROIT.

75. $Dd = 2,685$, cote rouge correspondant au quatrième terme du profil longitudinal.

$Dd' = dd' - Dd = 4,015$;
$Aa = aa' - Aa' = 2,705$;
$Bb = bb' - Bb' = 2,665$.

POINTS DE PASSAGE.

A droite,

$$a'c = \frac{2,705}{0,80 - 0,005} = 3,402 \text{ (N° 43)};$$

à gauche,

$$be = \frac{2,665}{0,80 + 0,005} = 3,938 \text{ (N° 42)};$$

$Cc = aa' + (a'c \times 0,005) = 6,737$;
$Ee = bb' + (b'e \times 0,005) = 6,665$.

Nota. Dans les profils qui suivent, les cotes rouges se calculant d'une manière analogue à celles des profils qui précèdent, nous n'indiquerons que les résultats. (Voir les profils N°s 5, 6 et 7, *figures* 22, 23 et 24.)

76. TABLEAU

INDIQUANT LES SURFACES DES PROFILS TRANSVERSAUX.

NUMÉROS DES PROFILS.	INDICATION DES SURFACES.	FORMULES.	SURFACES PARTIELLES.	SURFACES PAR PROFIL. DÉBLAI.	SURFACES PAR PROFIL. REMBLAI.
	Parallélogramme AM *am*. Parallélogramme AB *ab*.	$8,00\times 0,53$	4,24		
	Trapèze. . . . . . . BC *bc*.	$0,93+0,53\times\frac{0,40}{2}$	0,29		
	Parallélogramme CD *cd*.	$0,93\times 0,20$	0,19		
1er.	Triangle. . . . . . . DE *d*.	$\frac{0,93\times 0,93}{2}$	0,43	6,06	»
	Trapèze. . . . . . . MN *mn*.	$0,93+0,53\times\frac{0,40}{2}$	0,29		
	Parallélogramme NO *no*.	$0,93\times 0,20$	0,19		
	Triangle. . . . . . . OP *op*.	$\frac{0,93\times 0,93}{2}$	0,43		
	Trapèze. . . . . . . AB *ab*.	$0,925+1,005\times\frac{4,00}{2}$	3,86		
	Idem. . . . . AC *ac*.	$1,005+1,413\times\frac{0,40}{2}$	0,48		
	Trapèze. . . . . . . CD *cd*.	$1,413+1,417\times\frac{0,20}{2}$	0,28		
	Triangle. . . . . . . DE *d*.	$\frac{1,417\times 1,446}{2}$	1,02		
2e.	Trapèze. . . . . . . BM *bm*.	$0,925+1,045\times\frac{4,00}{2}$	3,94	11,47	»
	Idem. . . . . MN *mn*.	$1,045+1,457\times\frac{0,40}{2}$	0,50		
	Trapèze. . . . . . . NO *no*.	$1,457+1,463\times\frac{0,20}{2}$	0,29		
	Triangle. . . . . . . OP *o*.	$\frac{1,463\times 1,508}{2}$	1,10		

NUMÉROS DES PROFILS.	INDICATION DES SURFACES.	FORMULES	SURFACES PARTIELLES.	SURFACES PAR PROFIL. DÉBLAI.	SURFACES PAR PROFIL. REMBLAI.
3e.	Trapèze....... DM *dm*.	$0,56+0,52\times\frac{8,00}{2}$	4,32	6,17	»
	Idem......... AD *ad*.	$0,52+0,918\times\frac{0,40}{2}$	0,29		
	Idem......... AB *ab*.	$0,918+0,917\times\frac{0,20}{2}$	0,18		
	Triangle....... BE *b*.	$\frac{0,917\times0,912}{2}$	0,42		
	Trapèze....... MN *mn*.	$0,56+0,962\times\frac{0,40}{2}$	0,30		
	Idem.......... NO *no*.	$0,962+0,963\times\frac{0,20}{2}$	0,19		
	Triangle....... OP *o*.	$\frac{0,963\times0,968}{2}$	0,47		
4e.	Trapèze....... AB *ab*.	$2,705+2,665\times\frac{8,00}{2}$	21,48	»	29,99
	Triangle....... A *a* C.	$\frac{2,705\times3,402}{2}$	4,60		
	Idem.......... B *b* E.	$\frac{2,665\times2,938}{2}$	3,91		
5e.	Trapèze....... AC *ac*.	$2,705+2,745\times\frac{8,00}{2}$	21,80	»	31,08
	Triangle....... A *a* B.	$\frac{2,745\times3,452}{2}$	4,74		
	Idem.......... C *c* H.	$\frac{2,705\times3,360}{2}$	4,54		

NUMÉROS DES PROFILS.	INDICATION DES SURFACES.	FORMULES.	SURFACES PARTIELLES.	SURFACES PAR PROFIL. DÉBLAI.	SURFACES PAR PROFIL. REMBLAI.
6e.	Parallélogramme A F *a f*.	$0,755 \times 4,00$	3,02	8,81	»
	Trapèze. . . . . . . A B *a b*.	$0,755 + 1,171 \times \frac{0,40}{2}$	0,39		
	Idem . . . . B C *b c*.	$1,171 + 1,179 \times \frac{0,20}{2}$	0,23		
	Triangle. . . . . . . C *c* D.	$\frac{1,179 \times 1,228}{2}$	0,72		
	Trapèze. . . . . . . F M *f m*.	$0,755 + 0,795 \times \frac{4,00}{2}$	3,10		
	Idem. . . . . M N *m n*.	$0,795 + 1,195 \times \frac{0,40}{2}$	0,40		
	Idem. . . . . N P *n o*.	$1,195 \times 0,20 + \frac{(1,195 \times 1,195)}{2}$	0,95		
7e.	Trapèzes et triangles. . . .	Donneront.	4,38	4,38	»

SOLIDES DES ENTRE-PROFILS,

OU

CALCULS DES TERRASSEMENTS.

77. D'après ce qui a été démontré pour le terrain et le projet, tout solide compris entre deux profils étant appuyé contre la surface du projet aura pour base un plan, et pour face opposée la surface gauche du terrain. Les solides sont partagés suivant leur longueur par des plans verticaux parallèles. Si les quatre cotes rouges correspon-

dantes deux à deux sur deux profils en travers consécutifs sont toutes en déblai ou en remblai, les solides auront pour base, contre le projet, un quadrilatère. Si les cotes correspondantes sont les unes en remblai et les autres en déblai, il y aura deux solides, l'un en déblai et l'autre en remblai, ayant des trapèzes pour base. Celui des côtés de ces trapèzes qui n'a point de côté correspondant parallèle est formé par les points de passage. Quelquefois l'un des solides a pour base un trapèze, et l'autre un triangle.

78. On peut donc diviser ces solides en trois espèces, et désigner par b la surface de la base; par H, h, h', h'' les diverses hauteurs ou cotes rouges, et par V le volume ou la solidité.

La première, à base de triangle, peut avoir une, deux ou trois hauteurs, et on a

$$V = \frac{b.(H + h + h' + h'')}{3};$$

La seconde, à base de quadrilatère, peut avoir une, deux, trois ou quatre hauteurs, et on a

$$V = \frac{b.(H + h + h' + h'')}{4};$$

La troisième, à base de trapèze, qui se divise en deux triangles b, B.

79. Il y a deux cas : 1°. quatre hauteurs égales, ou deux égales sur les côtés parallèles,

$$V = \frac{b.(H+h+h')}{3} + \frac{B(H+h+h')}{3};$$

2°. quatre hauteurs inégales; on a

$$V = \frac{b.(2H+2h+h'+h'')}{6} + \frac{B(2h''+2h'+h+H)}{6}.$$

Décomposition des solides des entre-profils.

(Pl. XV, figures 25 et 26.)

En examinant la portion du profil longitudinal comprise entre les profils transversaux, N°s 34 et 35 (projet de la partie du vallon de Brézé, ligne n° 9 d'Orbec à Nonancourt), on voit qu'il existe deux triangles semblables CAB, DAE formés par les lignes CE du terrain naturel, BD du projet, et par les cotes rouges BC et DE, ayant le point d'intersection A pour sommet commun, lequel il faut connaître exactement pour avoir les distances horizontales BA et AD.

Connaissant la distance BD = 20 mètres, qui forme un grand côté de chaque triangle, et les cotes BC = 0,50 et DE = 0,40, qui forment chacune un petit côté, on aura à effectuer les calculs de la proportion ainsi établie : la somme des deux petits côtés est à la distance totale comme un petit côté est un à grand côté; le résultat détermine le point de passage (N° 47), ce qui donne pour la distance horizontale

$$BA, BC + DE : BD :: BC : BA,$$

et pour la distance

$$DA, BC + DE : BD :: DE : DA.$$

Le terrain naturel étant inégal à droite et à gauche de l'axe du projet, il ne suffit pas de connaître la rencontre des lignes noires et rouges sur la directrice, il faut encore déterminer chaque point de passage qui se rencontre plus tôt ou plus tard suivant les surfaces gauches du terrain naturel; il faut donc répéter l'opération que nous venons de faire à tous les points où il a été pris des cotes rouges de hauteur.

Les profils transversaux étant disposés comme il est d'usage, et les cotes rouges déterminées, on aura :

1°. $aA = (0{,}50 + 0{,}40) : 20{,}00 :: 0{,}50 : x.$

$$x = \frac{0{,}50 \times 20{,}00}{(0{,}50 + 0{,}40)} = 11{,}111\ldots;$$

2°. $a'A = (0{,}50 + 0{,}40) : 20{,}00 :: 0{,}40 : x.$

$$x = \frac{0{,}40 \times 20{,}00}{(0{,}50 + 0{,}40)} = 8{,}888\ldots;$$

3°. $b'b = (0{,}25 + 0{,}80) : 20{,}00 :: 0{,}25 : x.$

$$x = \frac{20{,}00 \times 0{,}25}{(0{,}25 + 0{,}80)} = 4{,}762\ldots;$$

4°. $b''b = (0{,}25 + 0{,}80) : 20{,}00 :: 0{,}80 : x.$

$$x = \frac{20{,}00 \times 0{,}80}{(0{,}25 + 0{,}80)} = 15{,}238\ldots;$$

5°. $d'd = (0,40 + 1,28) : 20,00 :: 0,40 : x.$

$$x = \frac{20,00 \times 0,40}{(0,40 + 1,28)} = 4,762\ldots ;$$

6°. $d''d = (0,40 + 1,28) : 20,00 :: 1,28 : x.$

$$x = \frac{20,00 \times 1,28}{(0,40 + 1,28)} = 15,238\ldots ;$$

et ainsi de suite pour les autres parallèles.

Chaque point de passage étant ainsi déterminé, on les réunira deux à deux pour séparer sur toute la largeur de la route les déblais des remblais ; et cette ligne qui marque la délimitation est aussi nommée ligne de pénétration, laquelle est ordinairement brisée par la raison que les cotes rouges des profils transversaux sont rarement de même hauteur.

Par ce qui précède, on voit que le terrain compris entre les profils transversaux N°s 34 et 35 (*fig.* 26 *bis*) est divisé en tranches dont on connaît les trois dimensions, la largeur se trouvant en comparant les cotes noires écrites sur l'horizontale de chaque profil transversal.

80. Dans la pratique, on n'emploie pas toujours ces formules à cause de la longueur des calculs ; le plus souvent, en appelant S S′ les surfaces de deux profils consécutifs pris dans des plans parallèles, et D leur distance horizontale, le volume compris entre eux étant représenté par V, se calcule par la formule

$$V = \frac{(S + S') \times D}{2}$$

lorsque les deux profils sont tout en remblai ou tout en déblai.

81. Lorsque l'un est en remblai et l'autre en déblai, en appelant S la surface du profil en déblai, S' la surface du profil en remblai, et D leur distance horizontale, le volume compris entre eux étant également représenté par V, on aura

1°. pour le déblai $V = \frac{S^2}{S+S'} \times \frac{D}{2}$;

2°. pour le remblai $V = \frac{S'^2}{S'+S} \times \frac{D}{2}$.

82. CUBES DES TERRASSEMENTS.

NUMÉROS des ENTRE-PROFILS.	SURFACES PAR PROFIL EN				LONGUEURS des ENTRE-PROFILS.	FORMULES.	CUBES DES		TRANSPORT.
	DÉBLAI.	REMBLAI.	DÉBLAI.	REMBLAI.			DÉBLAI.	REMBLAI.	
1.	N° 1. 6,06	»	N° 2. 11,47	»	21m,00	$6{,}06+11{,}47\times\frac{21}{2}$	148,06	»	31 mètres de distance moyenne.
2.	N° 2. 11,47	»	N° 3. 6,17	»	37m,00	$11{,}47+6{,}17\times\frac{37}{2}$	326,34	»	
3.	N° 3. 6,17	»	N° 4. »	29,99	25m,00	$\frac{6{,}17^2}{6{,}17+29{,}99}\times\frac{25}{2}$	13,16	»	
						$\frac{29{,}99^2}{29{,}99+6{,}17}\times\frac{25}{2}$	»	310,91	
4.	N° 4. »	29,99	N° 5. »	31,08	8m,00	Pont.	»	»	
5.	N° 5. »	31,08	N° 6. 8,81	»	24m,00	$\frac{31{,}08^2}{31{,}08+8{,}81}\times\frac{24}{2}$	»	290,59	
						$\frac{8{,}81^2}{8{,}81+31{,}08}\times\frac{24}{2}$	23,35	»	
6.	N° 6. 8,81	»	N° 7. 4,38	»	39m,00	$8{,}81+4{,}38\times\frac{39}{2}$	257,20	»	
			Longueur totale.		154m,00	Cubes totaux...	768,11	601,50	

Excédant des déblais sur les remblais : 768,11 — 601,50 = 166,61.

TRANSPORT DES MATÉRIAUX.

83. Un objet important consiste à fixer dans les devis le prix du transport des matériaux, pour que le Gouvernement ne soit pas trompé, et que les entrepreneurs ne soient pas lésés.

Il faut, pour fixer le prix des transports, avoir égard à quatre choses, aux prix locaux des denrées qui déterminent le prix de la main-d'œuvre, aux longueurs des distances, aux pentes et rampes qui se trouvent dans la distance à parcourir, et au poids des matériaux dont on fait le transport.

On a calculé une table assez générale pour les transports dans l'hypothèse où on aurait des attelages de deux, trois et quatre chevaux. Pour établir cette table, on a supposé que le travail effectif est de dix heures par jour, que l'espace parcouru pendant une heure est de 3,600 mètres, et que le temps perdu à chaque voyage est de 15 minutes.

84. TABLE

DU PRIX DU TRANSPORT DES MATÉRIAUX.

DISTANCE DES TRANSPORTS en mètres.	NOMBRE DE VOYAGES par jour.	PRIX DU TRANSPORT D'UN MÈTRE CUBE, EN SUPPOSANT QUE TOUT L'ATTELAGE SOIT PAYÉ PAR JOUR A RAISON DE			
		15 francs.	18 francs.	20 francs.	24 francs.
150	30 »	0,50	0,60	0,67	0,80
160	29 ½	0,51	0,61	0,68	0,81
170	29 »	0,52	0,62	0,69	0,83
180	28 ½	0,53	0,63	0,70	0,84
190	28 »	0,54	0,64	0,71	0,86
200	27 ½	0,55	0,65	0,73	0,87
220	26 ½	0,57	0,68	0,75	0,91
240	26 »	0,58	0,70	0,77	0,92
260	25 »	0,60	0,72	0,80	0,96
280	24 ½	0,61	0,74	0,81	0,98
300	24 »	0,63	0,75	0,83	1,00
320	23 »	0,66	0,78	0,87	1,04
340	22 ½	0,67	0,80	0,89	1,07
360	22 »	0,68	0,82	0,91	1,09
380	21 ½	0,70	0,84	0,93	1,12
400	21 »	0,71	0,86	0,95	1,14
420	20 ½	0,73	0,88	0,98	1,17
440	20 »	0,75	0,90	1,00	1,20
460	19 ½	0,77	0,92	1,03	1,23
500	19 »	0,79	0,95	1,05	1,26
520	18 ½	0,81	0,97	1,08	1,28
540	18 »	0,83	1,00	1,11	1,33
560	17 ½	0,86	1,03	1,14	1,37
600	17 »	0,88	1,06	1,18	1,41
650	16 »	0,94	1,13	1,25	1,50
700	15 ½	0,97	1,16	1,29	1,55
750	15 »	1,00	1,20	1,33	1,60

DISTANCE DES TRANSPORTS en mètres.	NOMBRE DE VOYAGES par jour.	PRIX DU TRANSPORT D'UN MÈTRE CUBE, EN SUPPOSANT QUE TOUT L'ATTELAGE SOIT PAYÉ PAR JOUR A RAISON DE			
		15 francs.	18 francs.	20 francs.	24 francs.
800	14 »	1,09	1,29	1,43	1,71
850	13 ½	1,11	1,33	1,48	1,78
900	13 »	1,15	1,39	1,54	1,85
950	12 ½	1,20	1,44	1,60	1,92
1000	12 »	1,25	1,50	1,67	2,00
1100	11 ½	1,30	1,57	1,74	2,09
1200	11 »	1,36	1,64	1,82	2,18
1300	10 »	1,50	1,80	2,00	2,40
1400	9 ½	1,58	1,89	2,10	2,53
1500	9 »	1,66	2,00	2,22	2,64
1600	8 ½	1,76	2,12	2,35	2,82
1800	8 »	1,88	2,25	2,50	3,00
1950	7 ½	2,00	2,40	2,67	3,20
2100	7 »	2,14	2,57	2,86	3,43
2300	6 ½	2,30	2,76	3,08	3,69
2500	6 »	2,50	3,00	3,33	4,00
2700	5 ½	2,73	3,27	3,64	4,36
3100	5 »	3,00	3,60	4,00	4,80
3400	4 ½	3,33	4,00	4,44	5,33
4000	4 »	3,75	4,50	5,00	6,00
4400	3 ½	4,29	5,14	5,71	6,86
5800	3 »	5,00	6,00	6,67	8,00
6300	2 ½	6,00	7,20	8,00	9,60
9000	2 »	7,50	9,00	10,00	12,00
11000	1 ½	10,00	12,00	13,33	16,00
16000	1 »	15,00	18,00	20,00	24,00

Nota. Pour le pont à construire entre les profils transversaux 4 et 5 du projet, voir le chapitre III du devis, et les figures dépendant de la troisième partie.

Pl. I.

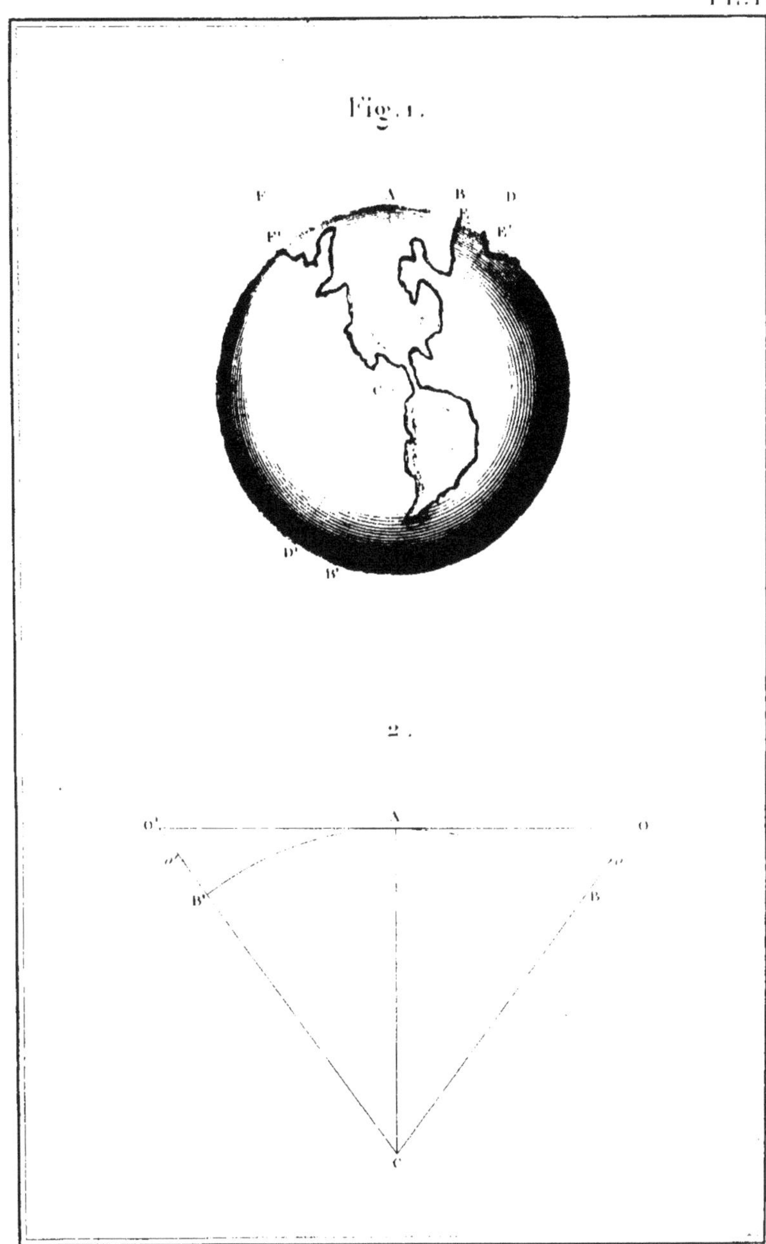

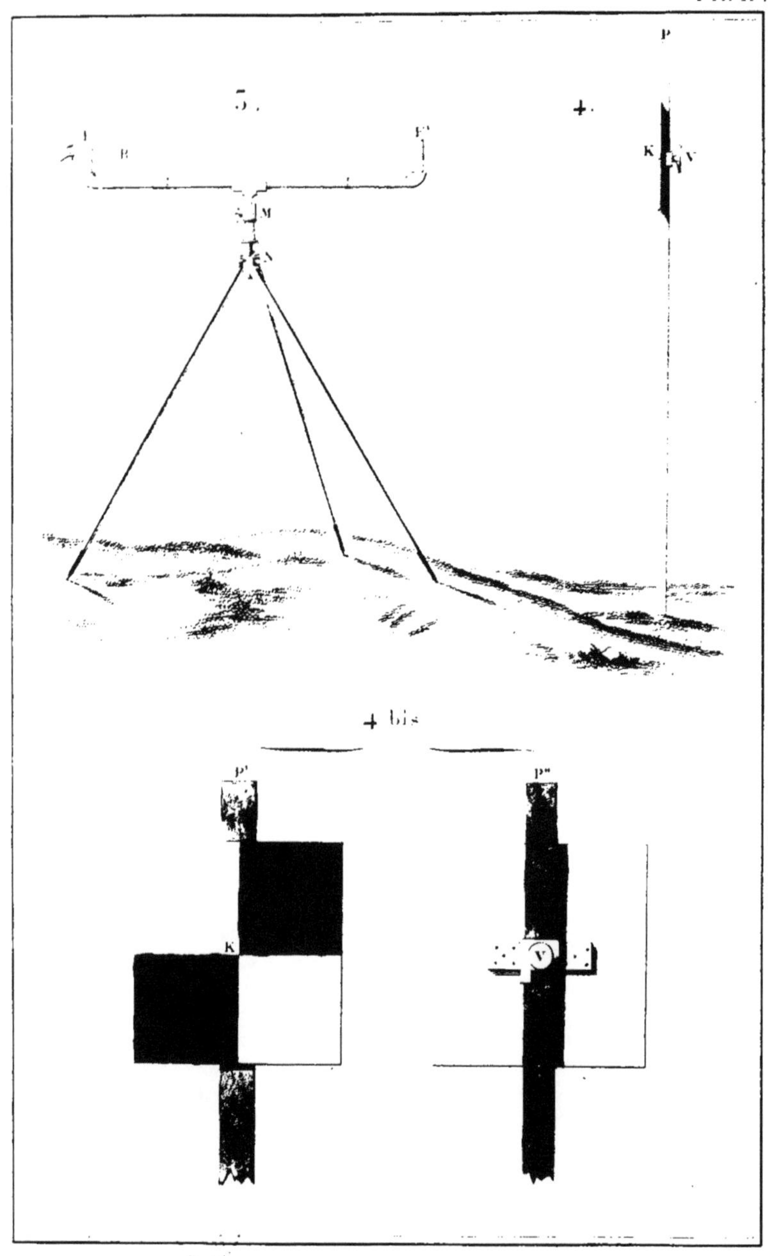
5.
4.
4 bis
P
K
V
M
N
P'
P''

PL. III.

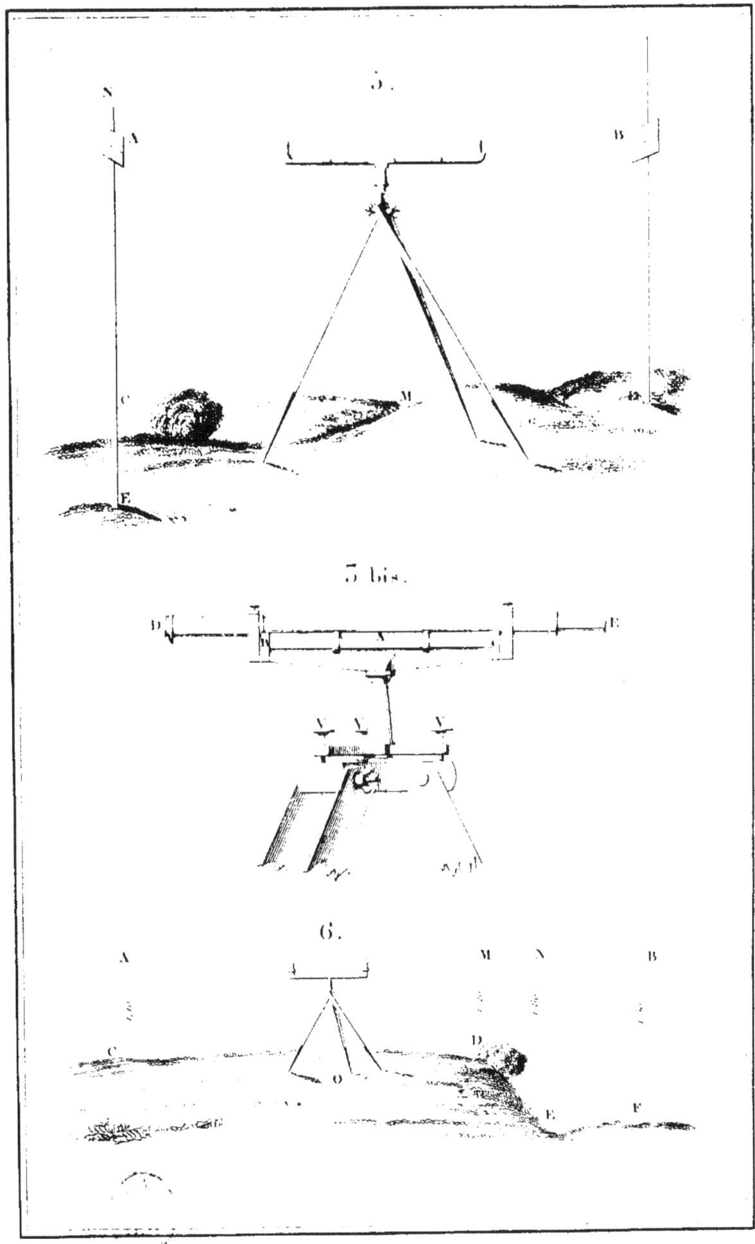

PL.IV.

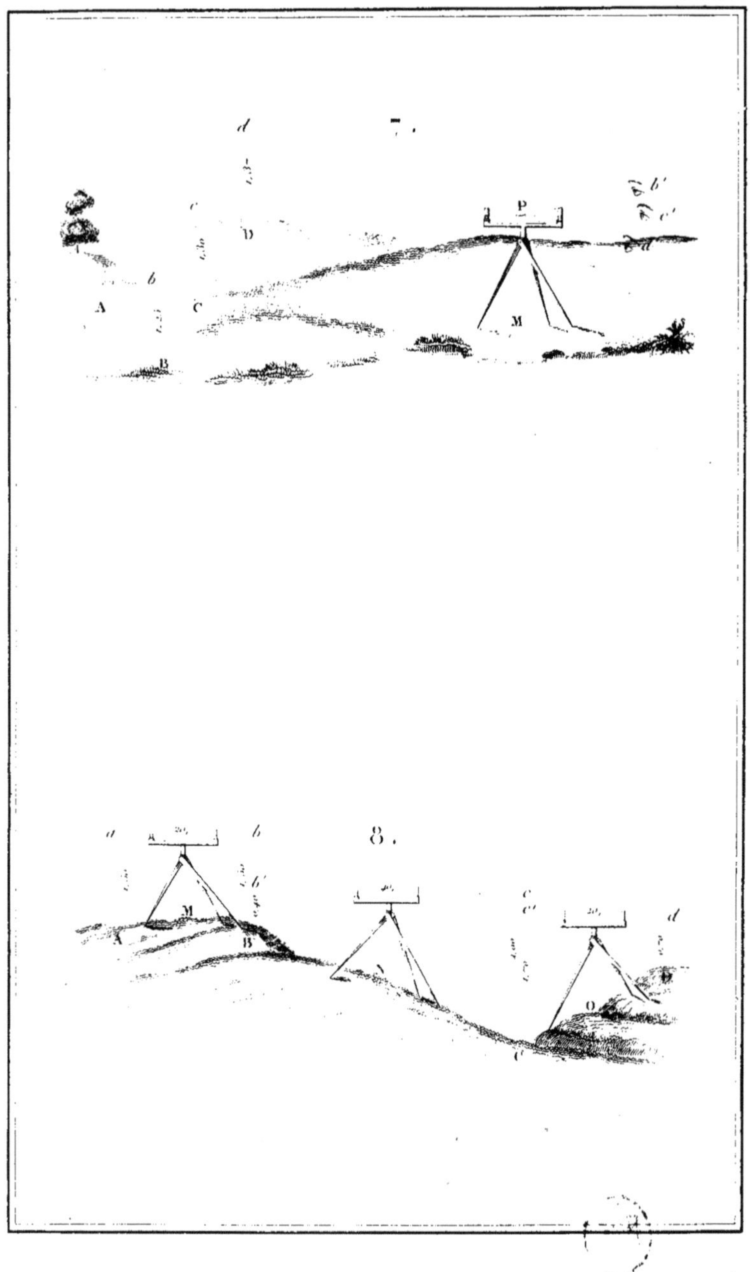

PL. V.

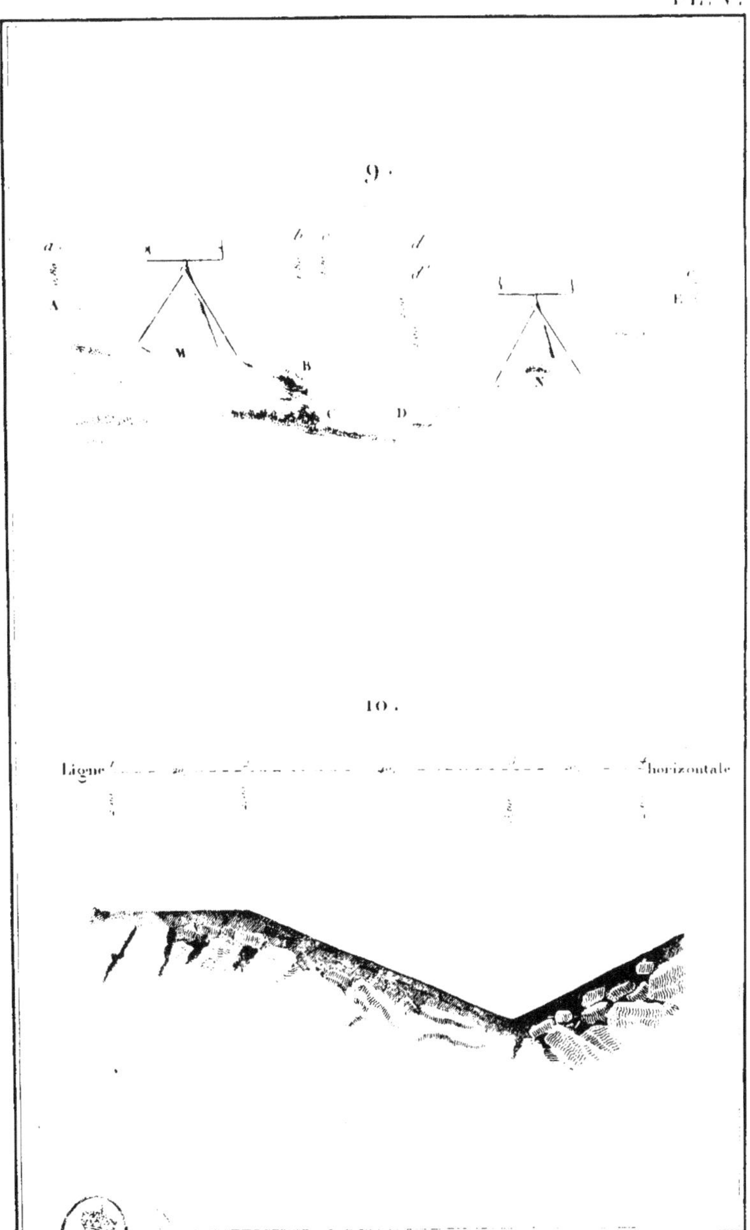

PL. VI.

11.
Ligne
horizontale
1er terme
5e terme
12.
Pente du projet, 0m025 par mètre sur 80m de longueur
Horizontale
Pente de 0m04 par mètre
R de 0,05 par mèt.
C
M
N
D
A
LIGNE
DE
PROJET
Terrain
naturel
B

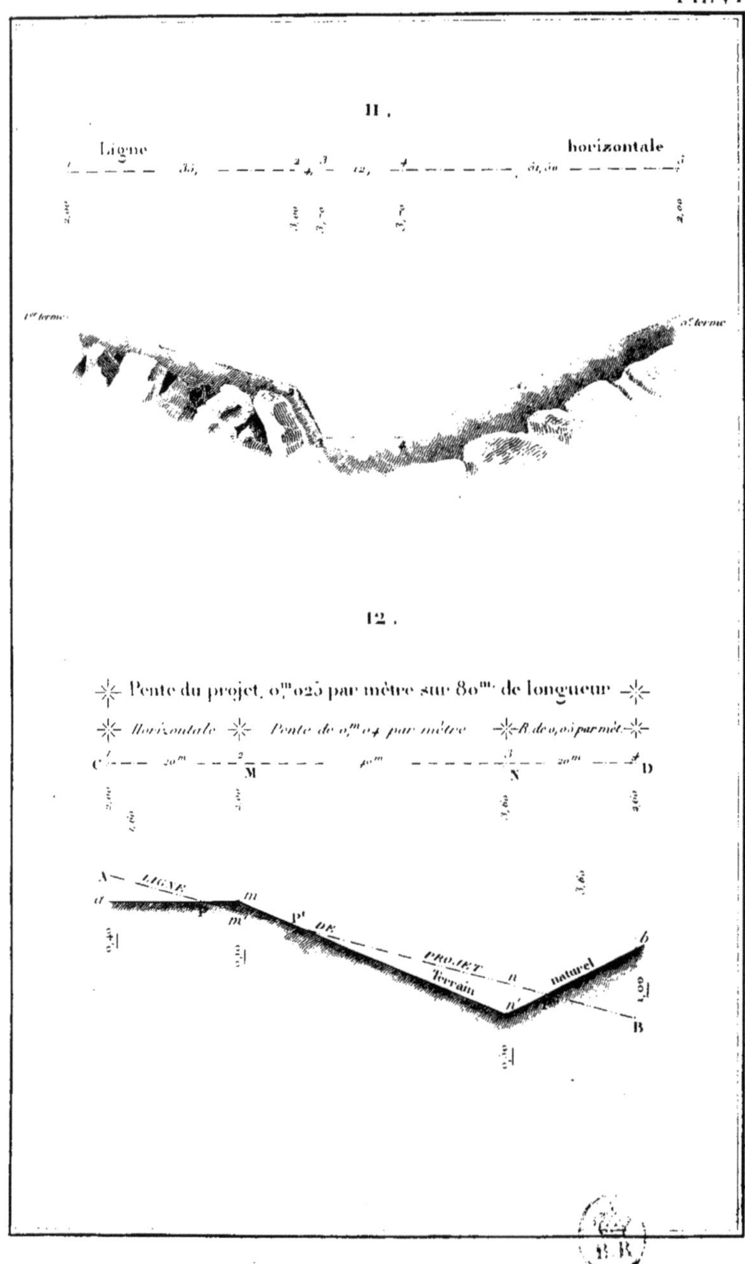

13.

Pente du projet et du terrain naturel 0m,025 par mèt.

M — 80 mètres — N

A D O P C B

14.

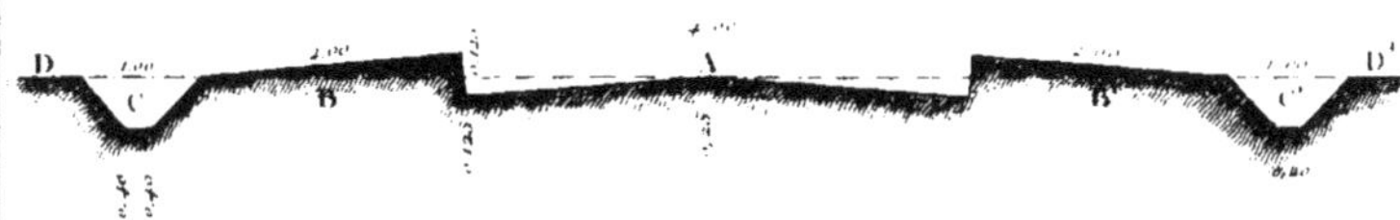

A *Chaussée d'empierrement.*

B B' *Bermes ou accotements.*

C C' *Fossés.*

D D' *Ligne du terrain naturel.*

PL. VIII.

Rivière de la Charentonne
Chemin
Route départementale
N° 30
I.
II.
III.
IV.
V.
VI.
B
C
D
E
F
M

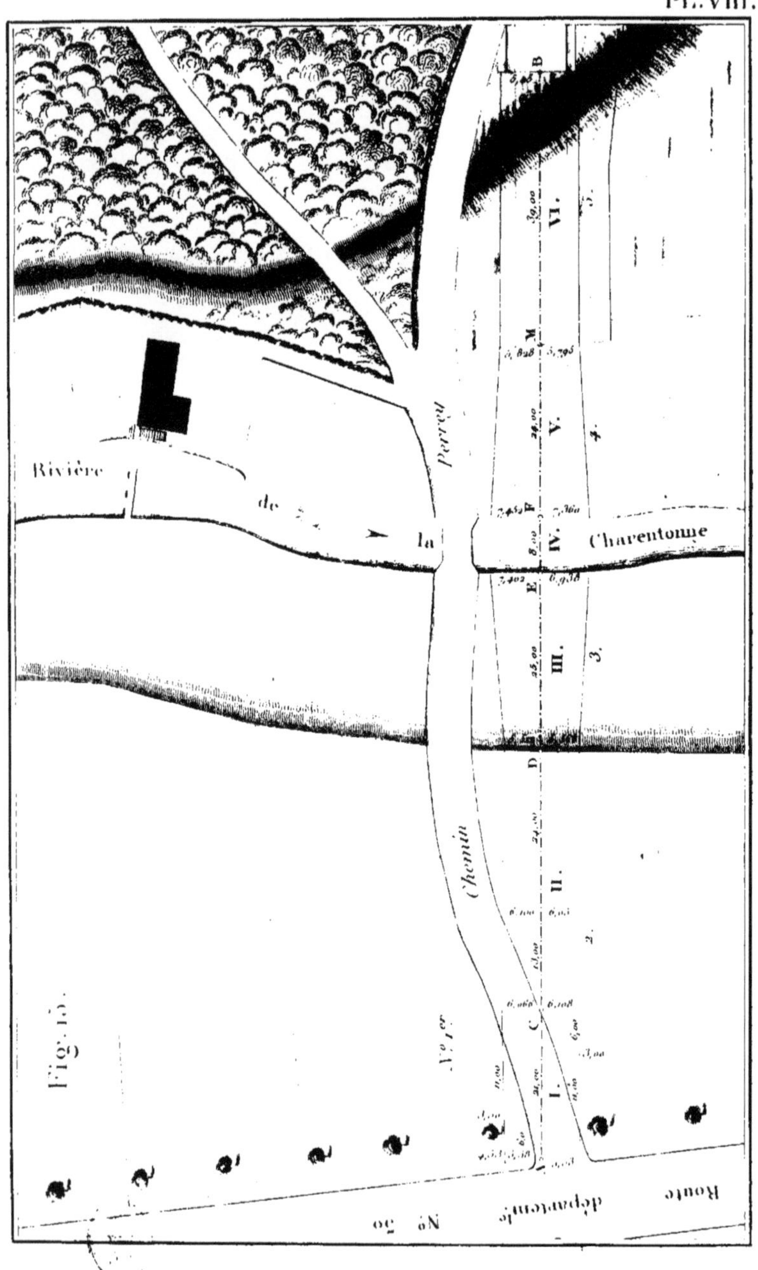

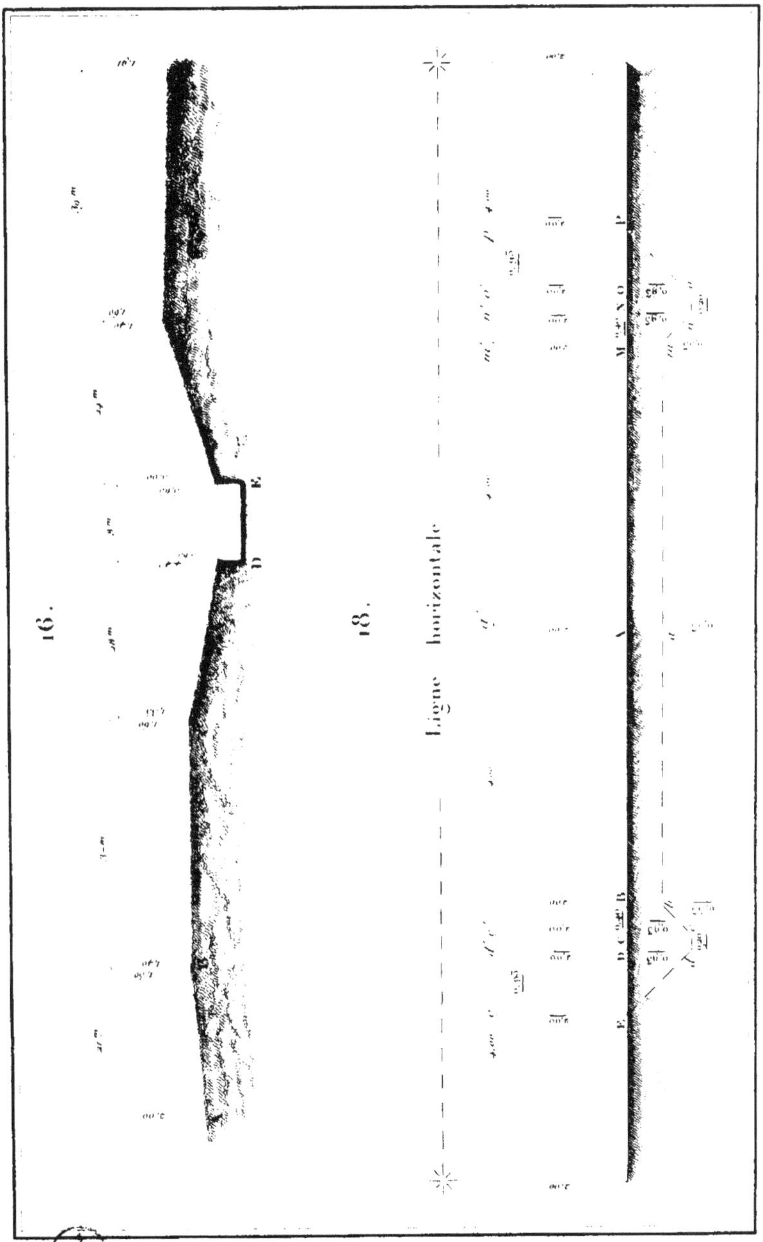

16.

A B D E

18.

Ligne horizontale

E D C B A M N O P

PL. X.

1re.
Rampe montant à raison de 0m,005 millimètres par mètre, sur 154 mètres de longueur
A
B
C
D
E
F
K
a
b
c
f

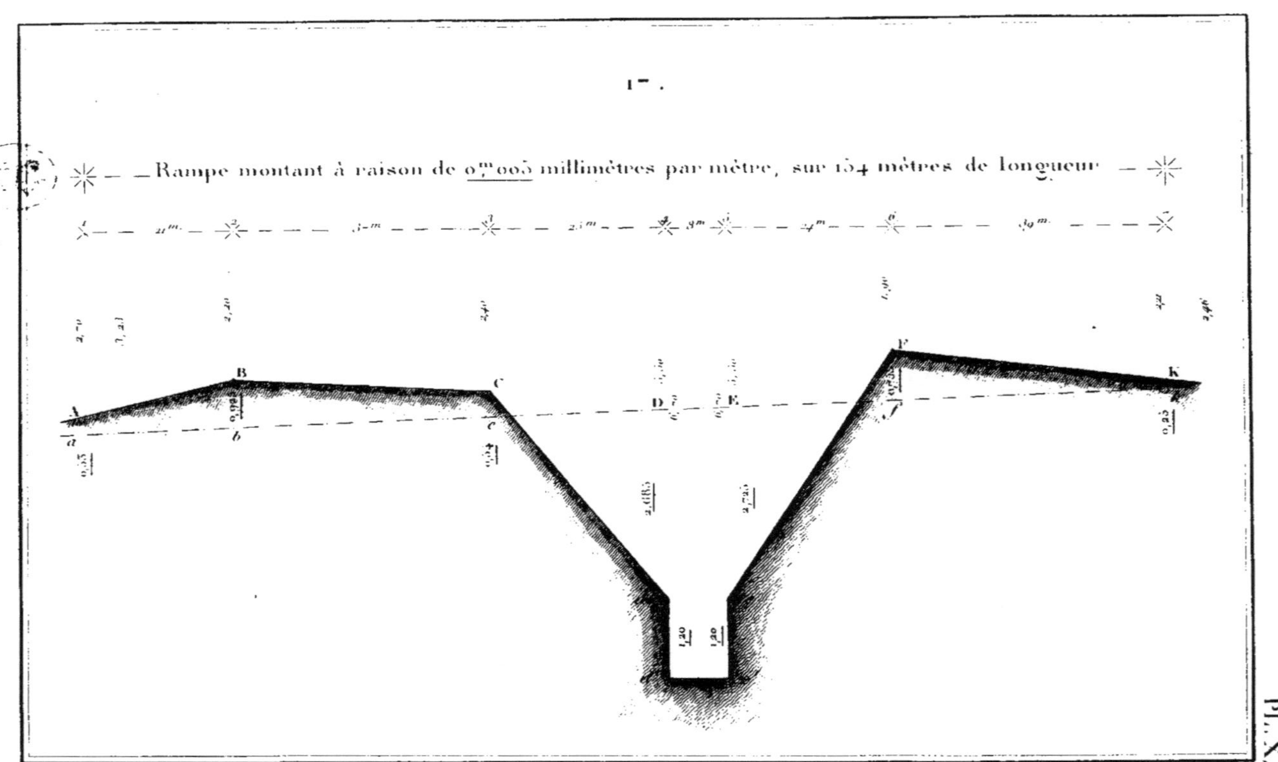

PL. XI.

19.

Pente par Mètre 0,02

Pente par Mètre 0,03

E D C A B M N O P

20.

Pente par Mètre 0,005

E B A D C M N O P

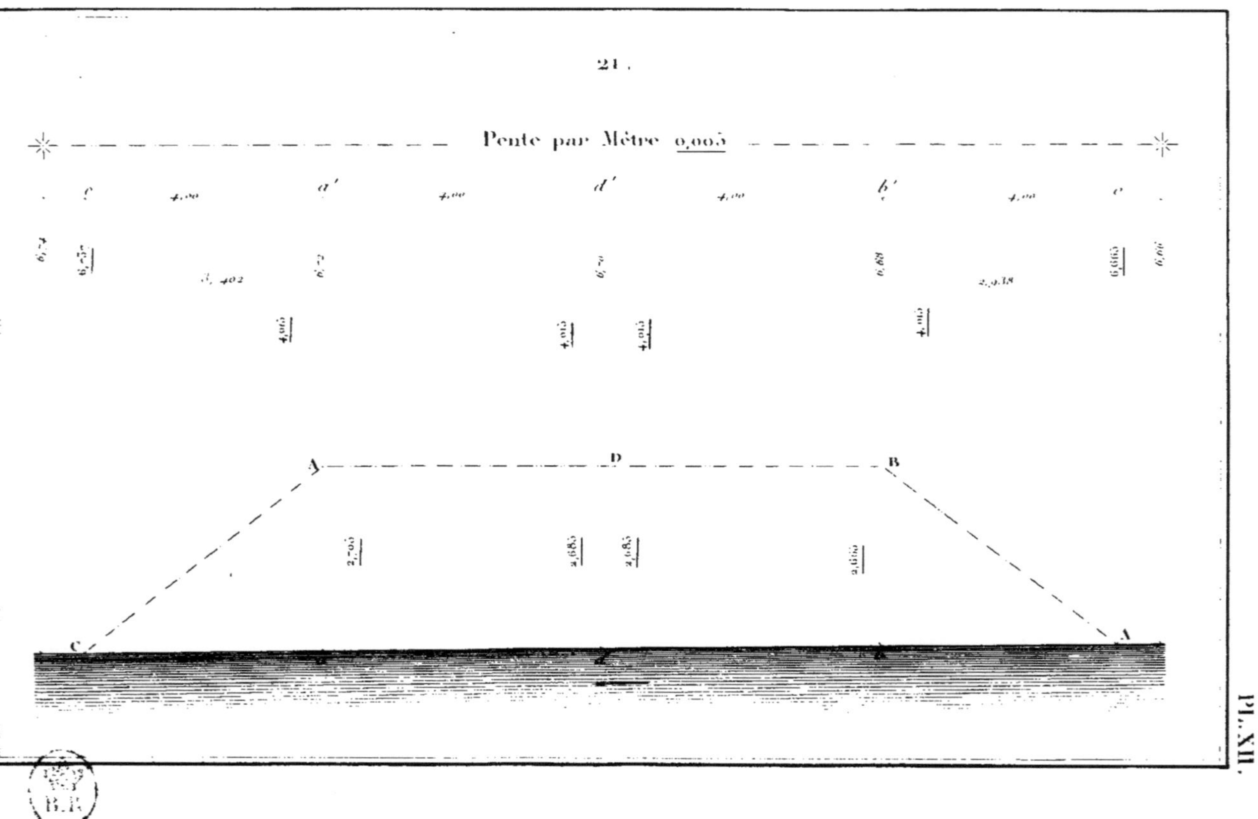
21.
Pente par Mètre 0,005
a'
d'
b'
4,00
3,402
2,938
6,665
A
D
B
C
A

PL. XIII.

22.

Pente par Mètre 0,005

b   4,00   a'   4,00   c'   4,00   e'   4,00   h

5,452   A   E   C   7,500

B   H

PL. XIV.

25.
Pente par Mèt. 0,04
Horizontale
Pente par Mèt. 0,01
Horizontale
D
C
B
A
F
M
N
O
P

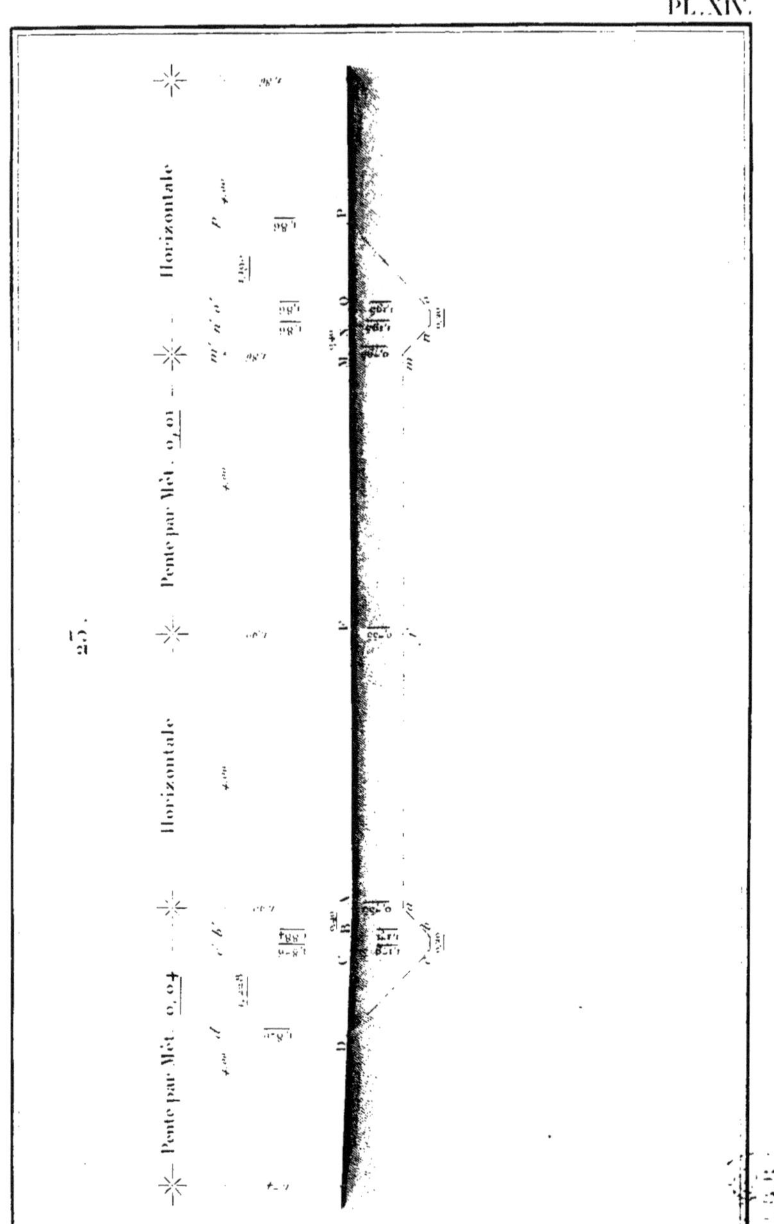

PL. XV.

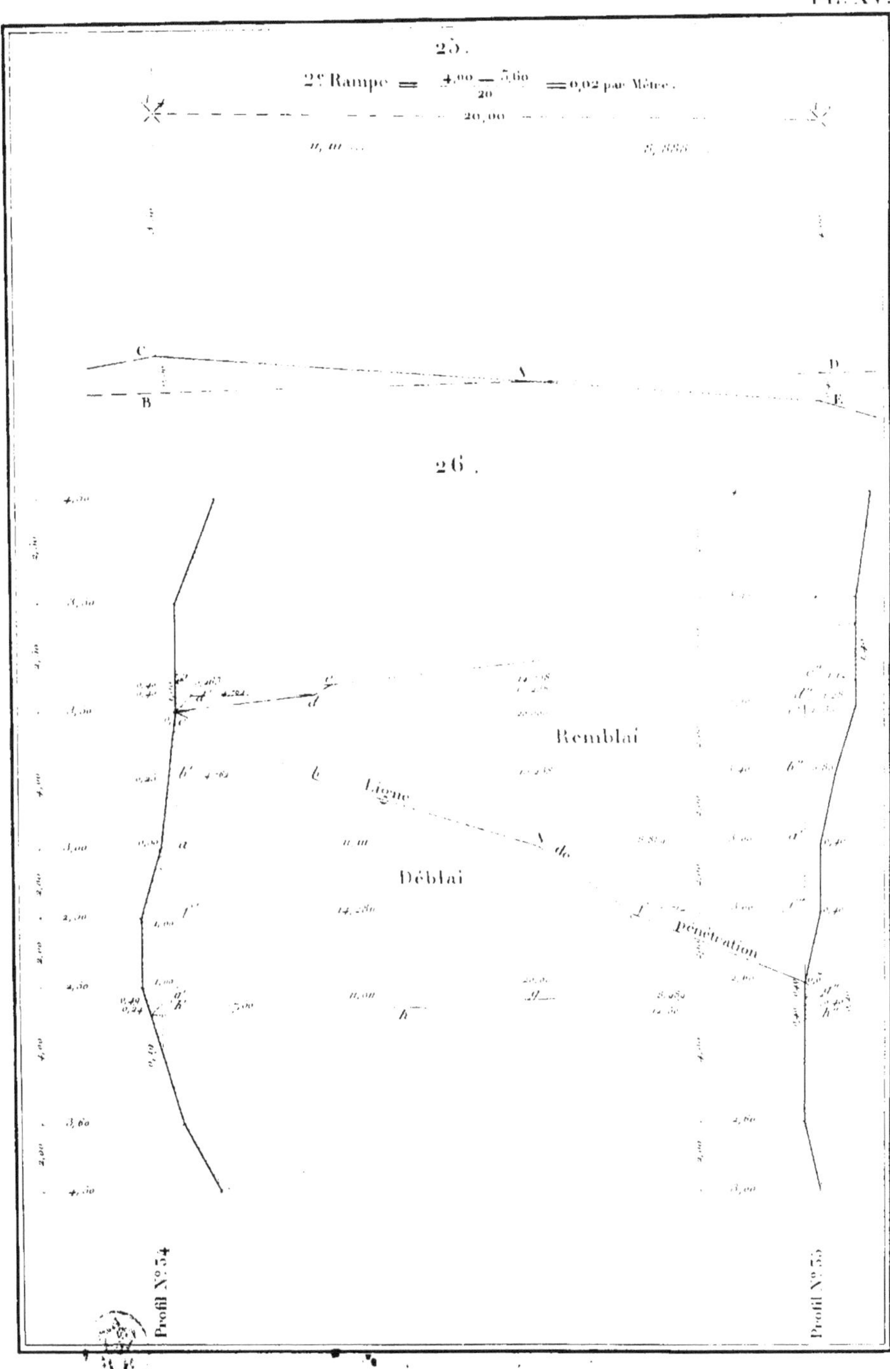

24.

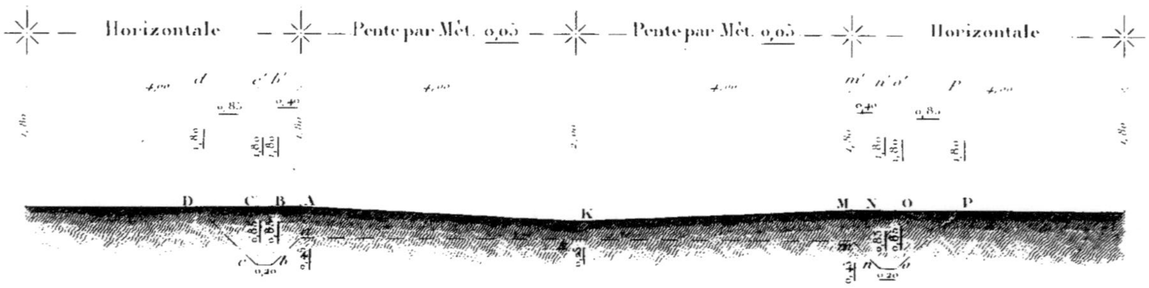

Horizontale — Pente par Mèt. 0,05 — Pente par Mèt. 0,05 — Horizontale

D C B A K M N O P

www.ingramcontent.com/pod-product-compliance
Ingram Content Group UK Ltd.
Pitfield, Milton Keynes, MK11 3LW, UK
UKHW020935180726
13838UKWH00002B/957

9 782329 439778